Rainer Haak

Alles wird anders. Ich auch

Rainer Haak

Alles wird anders. Ich auch

Ein spiritueller Kompass in Zeiten der Veränderung

HERDER

FREIBURG · BASEL · WIEN

INHALTSVERZEICHNIS

Einleitung

Die Welt verändert sich in einem ungeheuren Tempo, wie es das noch niemals vorher gegeben hat. Auch meine kleine Welt befindet sich in einem Wandel, der Schwindel erregend ist. Der „Wind der Veränderung“ weht mit wachsender Stärke, und manchmal wird er zum Sturm. Vor einiger Zeit schoss es mir in den Kopf: „Was ist, wenn ich morgen aufwache und mich nirgends mehr zurechtfinde?“

Auch an mir geschehen Veränderungen. Kürzlich erkannte mich ein alter Bekannter nicht wieder, weil sich mein Aussehen in den letzten 20 Jahren so verändert hat. Und seins erstmal! Fast all meine Körperzellen, so lese ich, werden regelmäßig ersetzt. So geht alle sieben Jahre ein völlig runderneuerter Rainer Haak über diese Erde.

Als würde es nicht reichen, mich mit den Veränderungen in der großen und meiner kleinen Welt und in meinem Körper auseinander zu setzen, soll ich nun auch noch an meiner eigenen Veränderung arbeiten. Ich soll aus Fehlern lernen, etwas für mein Glück tun, liebesfähiger werden und meine Probleme lösen. Manchmal möchte ich mich einfach zurückziehen, um meine Ruhe zu haben, statt an mir zu arbeiten und meinen Platz in der Welt ständig neu zu finden oder zu erkämpfen.

Ich darf Sie trösten. Ab und zu Ruhe, ab und zu Schutz vor dem „Wind der Veränderung“ – so werden wir feststellen – ist in Ordnung. Das braucht jeder Mensch. Aber dann heißt es, wieder die Nase in den Wind zu stecken und hinauszugehen.

Leben ist Veränderung, das werden Sie bei der Lektüre dieses Buches feststellen. Wer sich nicht ständig verändert, wer nicht ständig dazulernt, wird immer weniger Leben in sich spüren.

Doch die meisten Menschen haben Angst vor Veränderung. Das erleben wir nicht nur bei mutlosen Politikern, Kirchenleuten und Funktionären. Deshalb haben sie auch Angst, sich selbst zu verändern. Sie haben sich doch so gut in dieser Welt eingerichtet. Warum sollen sie die Mühe und das Risiko der Veränderung auf sich nehmen? Die Antwort kann nur lauten: Weil sie das Leben lieben. Und Leben, so wiederhole ich mich, ist Veränderung.

Wer sich nicht verändert, auch das will ich zeigen, wird ...

... immer lebensunfähiger.

... in den meisten Bereichen den Anschluss verlieren.

... mehr in der Vergangenheit als in der Gegenwart leben.

... bald auf einem Berg ungelöster Probleme sitzen.

... immer häufiger sagen: Irgendwann werde ich ... (Nebenbei gesagt: Irgendwann ist niemals!)

Mit diesem Buch möchte ich mit Ihnen nach dem Weg der Veränderung fragen. Gehen müssen Sie ihn allein, denn jeder hat die Aufgabe, seinen persönlichen Weg zu suchen und zu gehen.

Ich zeige, wo Sie und ich vor dem „Wind der Veränderung" ausweichen und so wichtige Wachstumsmöglichkeiten versäumen. Und ich mache deutlich, wo und wie Wachstum und Veränderung möglich sind.

Dabei ist es mir wichtig, die Angst vor Veränderung ernst zu nehmen und nicht zu verschweigen. Aber es gibt in jedem Leben mehr als Angst. Darum werde ich Sie an Ihre inneren Kräfte erinnern und versuchen, Ihnen Lust zur Veränderung zu machen. Denn Veränderung ist ... na, Sie wissen es schon!

Ich werde häufiger danach fragen und aufzeigen, was der biblische Jesus Ihnen und mir über Wachstum und Veränderung gesagt und vorgelebt hat. Das ist eine ganze Menge. Ich habe selbst gestaunt. Und ich bin davon überzeugt, dass Wachstum und Veränderung immer auch eine religiöse, spirituelle Dimension haben.

Dieses Buch ist als Arbeitsbuch konzipiert. Es eignet sich besonders gut als Begleitmaterial für Gruppen, die sich mit dem Thema „Veränderung" oder „spirituelles Wachstum" beschäftigen wollen. Ich glaube, zurzeit gibt es kein aktuelleres und wichtigeres Thema.

Am Ende jedes Kapitels finden Sie einige Fragen. Ich empfehle, sie in einer Art Veränderungs-Tagebuch schriftlich zu beantworten. In der Gruppe können die Fragen dann als Gesprächsgrundlage dienen. Manche Gedanken und Antworten werden Sie dort allerdings nur vortragen, wenn in der Gruppe ein Vertrauensverhältnis besteht und Sie sich auf die Verschwiegenheit aller verlassen können.

Im letzten Kapitel wage ich dann noch einen kurzen Ausblick in die Zukunft. So stelle ich auch die Frage, wie es mit der Bereitschaft der Christen zur Veränderung und zum inneren Wachstum steht.

Viele Monate habe ich intensiv an diesem Buch gearbeitet. Und ich stelle fest, dass ich immer noch mittendrin bin. Der „Wind der Veränderung" schüttelt mich ganz schön durcheinander. Ich will um keinen Preis mehr auf ihn verzichten.

Teil 1
Leben ist Veränderung

1
Immer schneller verändert sich die Welt

Erinnern Sie sich noch oder war es vor Ihrer Zeit? „Wind of Change", so sangen die Scorpions 1991 in Moskau, als dort das politische Tauwetter deutliche Folgen zeigte und der große friedliche Wandel seinen Höhepunkt erreichte. Inzwischen mussten die Landkarten mehrmals neu gedruckt werden. Doch es ändert sich mehr, vielleicht alles: Europa, ja die ganze Welt, erlebt einen gewaltigen Umbruch. Die alte industrielle Wirtschaft befindet sich in unseren Breitengraden längst und unumkehrbar auf Talfahrt, die Feindbilder in Ost und West, die viele für zementiert und unveränderlich hielten, haben sich aufgelöst und geben keine Orientierung und Sicherheit mehr, die Politik läuft fast jeder Entwicklung geradezu hilflos hinterher, die Kirche erleidet einen immer dramatischeren Bedeutungsverlust, und längst fehlt es den Menschen und Organisationen an allgemein akzeptierten Maßstäben und Zukunftsperspektiven.

Viele stehen fassungslos einem gewaltigen Strukturwandel gegenüber. Wer vor zehn oder zwanzig Jahren bei einer Bank oder Versicherung zu arbeiten anfing und sich auf der sicheren Seite wähnte, sitzt heute vielleicht bereits auf der Straße (oder im warmen Wohnzimmer). Dabei galten diese Jobs doch bis vor kurzem als besonders krisenfest und zukunftsträchtig. Die Bankgebäude und Versicherungspaläste, die noch vor wenigen Jahren als die Kathedralen der modernen Zeit bewundert oder gehasst wurden, stehen heute zum Teil leer. Die industrielle Produktion wird mehr und mehr in andere Länder verlagert. Der Einzelhandel und das Handwerk stecken in einer so großen Krise, dass es oft nur noch darum geht, ob ein „Überleben" überhaupt möglich ist. Und das ist mit Sicherheit erst der Anfang.

Das Tempo in fast allen Bereichen des Lebens nimmt zu. Jeder weiß das und erfährt es am eigenen Leib. Was gestern noch aktuell war, kann heute schon überholt sein. Alle fünf Jahre, so ist zu erfahren, verdoppelt sich das Wissen der Welt. Wissenschaftler dringen immer tiefer in bisher unbekannte Bereiche des Lebens vor. Medizinische Operationen, die lebensrettend sein können und noch vor zehn Jahren als sensationell galten, sind heute längst zur Routine geworden.

Wer in dieser schnelllebigen Zeit nicht ständig dazulernt, so wird überall gewarnt, hat in vielen Berufen rasch den Anschluss verloren. In manchen Branchen reicht eine dreijährige Babypause, um resigniert erleben zu müssen, dass nichts mehr ist wie vorher.

Wer heute nicht äußerst mobil und flexibel ist, gilt in vielen Firmen bereits als unnötiger Kostenfaktor, den es möglichst schnell zu entsorgen gilt. Und manchmal muss eine ganze Abteilung abtreten, weil die Arbeitsplätze nach Indien oder Polen verlagert werden.

Da macht sich verständlicherweise bei vielen Existenzangst breit. Andere stehen der Entwicklung fassungslos oder fast apathisch gegenüber. Wieder andere dagegen befinden sich geradezu in euphorischer Aufbruchstimmung und begrüßen begeistert das neue Zeitalter. Ihnen kann der Veränderungsprozess gar nicht schnell genug gehen.

Die Zeit wird immer schnelllebiger, aber die Menschen nicht jünger. Im Gegenteil, das Durchschnittsalter nimmt laufend zu! Wie soll das zusammenpassen, wo doch die Alten früher als besonders unbeweglich galten? Und tatsächlich hat schon mancher Ältere vor der neuen Fernbedienung oder dem Bankautomaten kapituliert.

Während um 1900 die Hälfte der deutschen Bevölkerung jünger als 23 Jahre war, rutschte der so genannte „Altersscheitelpunkt" im Jahr 1960 auf 40 Jahre (vgl. Meinhard Miegel, *Die deformierte Gesellschaft,* München 2002, S. 24–25). Und im Jahr 2040 wird die Hälfte der Bevölkerung bereits 50 Jahre oder darüber sein (vgl. ebd. S. 27). Mancher fragt sich da besorgt, wer denn wohl diese Alten einmal bedienen, versorgen und unterhalten soll. Die Antwort ist für viele erschreckend: Sie werden es selbst tun müssen! Und vor allem werden auch sie mehr als bisher bereit sein müssen, sich ständig zu verändern und dazuzulernen.

Doch nicht alle haben Angst vor dieser Entwicklung. Bereits heute gibt es die neuen und mobilen Alten,

Schon lange bekannt

Der frühere sächsische Ministerpräsident Kurt Biedenkopf sagte im Jahr 2004 in einem Interview: „… schon Anfang der achtziger Jahre haben Meinhard Miegel und ich auf die Folgen der demografischen Entwicklung hingewiesen. Das wurde verdrängt. Dadurch haben wir viel Zeit verloren, um unsere Systeme anzupassen."
Die Welt, 24. April 2004, S. 3

die über den Ruhestand nur lächeln können und dem Stillstand munter eins auswischen.

Nicht nur in Deutschland herrschte in den so genannten Wirtschaftswunderjahren und auch noch lange danach die seltsam kindliche und vertrauensvolle Meinung, die eigene Gesellschaft würde auf Dauer von einer wunderbaren „Geldvermehrung" beglückt bleiben. Und so wurde das Geld auf alle nur möglichen Arten verschwendet. Jede winzige Kommune brauchte ihr eigenes Schwimmbad und ein Jugendzentrum mit Fotolabor und Theaterbühne und jede Kirchengemeinde ihr modernes, komfortables Gemeindezentrum, den eigenen VW-Bus und ein extra Jugendhaus. Heute sprengen oft schon die Folgekosten den normalen Etat.

Jedes der wenigen Kinder, die heute noch geboren werden, ist bereits bei der Geburt hoffnungslos verschuldet durch die Lasten, die ihre Eltern und Großeltern ihnen in Form von Staatsschulden, Rentenverpflichtungen, Zins- und Pensionslasten hinterlassen haben. Das ist Diebstahl an der nächsten Generation! Und trotz der Schulden, die wahrscheinlich nach und nach zu einer Verarmung großer Volksschichten führen werden, dürfen die Kinder eines Tages die Rente der Älteren bezahlen, ohne selbst mit entsprechenden Leistungen rechnen zu können.

Jetzt sind Sie vielleicht der Meinung, dass die Alten durch die energischen Reformen der Politik noch in der Lage sein werden, ihre Schulden selbst zurückzuzahlen? Sie werden es nicht tun, denn sie bilden bei allen Wahlen die Mehrheit. Bisher reichen die Reformen nicht einmal, die Neuverschuldung deutlich zu verringern, das heißt, jedes Jahr kommen noch viele, viele weitere Milliarden Euros zu den Altschulden hinzu.

Alles verändert sich, und es geht von Jahr zu Jahr schneller. Auch die Werte und Moralvorstellungen sind rasant im Wandel begriffen. Noch vor 40 oder 30 Jahren konnte sich ein unverheiratetes Paar der tiefsten Entrüstung der gesamten Nachbarschaft sicher sein. Heute interessiert sich kaum noch jemand für seine Nachbarn. Ja, inzwischen gilt es bei vielen sowieso als absolut überholt, vor den Traualtar oder nur vor den Standesbeamten oder die Standesbeamtin zu treten. Die, die am vehementesten die Ehe fordern, welche Ironie des Schicksals, sind in vielen Städten die Homosexuellen, die sich immer häufiger „outen" und selbstbewusst für ihre Rechte eintreten.

Noch vor 20 Jahren war es relativ leicht, Ehrenamtliche für eine längerfristige Mitarbeit in den Vereinen und Kirchengemeinden zu gewinnen. Heute halten sich nicht nur die Jüngeren gern alle Optionen offen. Immer weniger Menschen mögen sich auf Dauer festlegen. Eine Mitarbeit für ein paar Stunden beim Gemeindefest ist in Ordnung, aber danach muss gleich wieder Schluss sein! Und bei Feiern und Veranstaltungen tröpfeln die Zusagen immer später herein, frei nach dem Motto: „Wer weiß, ob nicht noch irgendwo ein besseres Angebot kommt!" Statt sich im Voraus festzulegen, gehören immer mehr Menschen der „Last Minute"-Generation an. So sind viele junge Leute am Wochenende in den Großstädten ohne festes Ziel unterwegs und warten darauf, dass sie von Freunden per Handy zu einer Party oder einem interessanten Treffpunkt gelotst werden. „Der junge Mensch von heute ist ein mobiles Vergnügungsbüro in eigener Sache. Mit dem Handy organisiert er sein Nachtleben, während er schon unterwegs ist" (Manfred Dworschak, „Keine Ahnung … ich ruf dich an", in: *Der Spiegel* 12/04, S. 110).

Alles in der Gesellschaft und in der ganzen Welt verändert sich. Und mir bleibt keine andere Wahl als zu entscheiden, in welchen Bereichen meines Lebens auch ich zur Veränderung bereit bin oder sogar Lust dazu habe. Sicher werde ich das nicht tun, um mich nur kritiklos allem Neuen anzupassen, sondern um in dieser „Welt im Wandel“ immer wieder meinen Platz zu finden.

Die Welt verändert sich, und damit verändern sich auch die Bedingungen, unter denen ich lebe. Und manchmal ängstlich, manchmal zuversichtlich oder gar wagemutig, frage ich mich: Bin ich innerlich stark und flexibel genug für alle Herausforderungen der modernen Zeit? Und empfinde ich vielleicht sogar eine große Lust zur Veränderung?

Anregungen zum Nachdenken und zum Gespräch:

1. Welche Veränderungen in unserer Gesellschaft machen Ihnen Angst?
2. Welche Veränderungen gefallen Ihnen oder begeistern Sie sogar?
3. Welche wesentlichen Veränderungen in Kirche, Gesellschaft, und Wissenschaft haben Sie bisher erlebt und erfahren?
4. Welche einschneidenden Veränderungen gab es an Ihren persönlichen Wertvorstellungen und Lebensbedingungen?
5. In welchem Maße haben Sie den Eindruck, diesen Veränderungen hilflos ausgeliefert zu sein?

2
So verändert sich mein Leben

Die große Welt um mich herum ändert sich rasant, das merke ich von Tag zu Tag deutlicher. Und dadurch ändern sich selbstverständlich auch meine Lebensumstände. Aber neben diesen machtvollen Wandlungen in der großen Welt mache ich die Erfahrung, dass sich meine kleine Welt ebenfalls ändert, ob ich es will oder nicht: Da beginnt ein neuer Lebensabschnitt. Ich gerate in eine Krise. Meine Kräfte lassen nach. Ich stelle erstaunt fest, dass ich älter werde.

Die folgende Kurzbiographie von Werner M. könnte auch meine Geschichte sein und exemplarisch andeuten, wo ein ganz „normales" Leben immer wieder angenehme oder dramatische Veränderungen erfährt:

Werner M. kommt zur Schule.
Er unternimmt seine erste Klassenfahrt.
Er macht zum ersten Mal Urlaub ohne seine Eltern.
Er beginnt mit einer Berufsausbildung.
Er ist unsterblich verliebt.
Er heiratet.
Er wird zum ersten Mal Vater.
Er ist schwer krank.
Er feiert einen großen beruflichen Erfolg.
Seine Kinder werden immer selbständiger.
Er befindet sich in einer schweren Sinnkrise.
Die Firma, bei der er beschäftigt ist, meldet Konkurs an, und er ist vier Monate lang arbeitslos.
Er spürt deutlich, dass seine Kräfte nachlassen.
Seine Frau wird bei einem Verkehrsunfall im Urlaub tödlich verletzt.
Er zieht in eine andere Stadt.
Er ist wieder verliebt.
Er geht in den Ruhestand.
Seine alte Mutter stirbt.
Er hat ständig Gelenkschmerzen.

Mein Leben verändert sich immer wieder, selbst wenn ich mich mit aller Macht gegen Veränderungen stemme. Eine unendliche Kette von Herausforderungen erwartet mich. Ich muss damit umgehen, daran wachsen, daraus lernen – und mich dabei immer wieder selbst verändern. Tatsächlich gibt es nur diese Möglichkeit, um mich den neuen Bedingungen und Umständen anzupassen. Sonst bleibt nur, vor dem Wandel und damit vor dem Leben zu kapitulieren. Ich kann mich dem Leben und allen wichtigen Entwicklungen stellen oder zum hilflosen Sonderling und Verlierer werden.

Lassen Sie am Beispiel von Werner M. und seiner fiktiven Kurzbiographie ein ganzes Leben an sich vorbeiziehen:

Als er mit sechs Jahren zur Schule kommt, tut sich ihm eine neue Welt auf: Endlich kann er Lesen, Schreiben und Rechnen lernen! Darauf hat er sich schon lange gefreut. Und es macht ihm großen Spaß. Doch manchmal, gerade in den höheren Klassen, findet er es auch höchst anstrengend, zu Hause über den Aufgaben zu brüten. Werner M. muss lernen, sich zu konzentrieren und durchzuhalten. Es ist oft gar nicht so einfach, das Lustprinzip hintenanzustellen. In der Klasse findet er neue Freunde. Aber er muss auch oft um seinen Platz in der Klassengemeinschaft kämpfen und sich häufig gegen kleine Zicken und große Raufbolde verteidigen.

Werner M. unternimmt erste Reisen mit der Klasse und der Kirchengemeinde ohne seine Eltern. Es gibt Augenblicke, in denen ihn heftiges Heimweh überfällt. Aber er hält durch und ist hinterher sehr stolz auf sich. Und Spaß gemacht hat es ihm dennoch! Nach und nach wird er selbständiger und findet großen Gefallen daran, die Welt und das Leben kennen zu lernen und zu „erobern".

Nach der Schulzeit muss er sich für einen Beruf entscheiden. Das fällt ihm nicht leicht. Egal ob Studium oder Berufsausbildung – er muss sich festlegen. „Keine Entscheidung ist immer die schlechteste Entscheidung. Keine Entscheidung ist Flucht!" An diesen Satz seines Großvaters erinnert er sich jetzt oft. Nach vielen Überlegungen und Informationsgesprächen entscheidet er sich, Bauingenieur zu werden. Und zu dieser Entscheidung steht er konsequent.

Als Werner M. mitten im schwersten Teil seiner Ausbildung steckt und für nichts anderes Zeit hat, verliebt er sich. So richtig! Es ist nicht vergleichbar mit dem, was er bisher erlebt hat. Und plötzlich hat er Zeit. Alles, was bisher unmöglich erschien, ist jetzt möglich. Am liebsten würde er jeden Tag mit seiner Freundin verbringen.

Zwei Jahre später macht er ihr einen formvollendeten Heiratsantrag. Vorher hat er lange mit sich gerungen, ob er den Schritt in die Ehe wagen solle. Er dachte an die Verantwortung, die er übernehmen würde. Und er fragte sich, ob er jetzt überhaupt schon entscheiden könnte, ein ganzes Leben mit einem Menschen zu verbringen. Wieder fällt ihm sein Großvater ein. Und er entscheidet sich für das Wagnis der Ehe.

Weitere zwei Jahre später wird er zum ersten Mal Vater. Er ist bei der Geburt dabei und wird von dem Wunder, das er erlebt, völlig überwältigt. In dem einen Moment, als er das kleine hilflose Wesen zum ersten Mal auf dem Arm hält, sieht er die Welt und das Leben in einem anderen, helleren Licht. Er spürt eine tiefe Dankbarkeit und ist sicher, dieses Kind für immer über alles zu lieben.

Sie haben inzwischen längst schon das zweite Kind, als Werner M. plötzlich schwer erkrankt. Mehrere Wochen liegt er im Krankenhaus. Er leidet unter der Trennung von seiner Familie, unter der Untätigkeit, zu der er sich verdammt sieht, und unter der offenen Frage, ob er jemals wieder gesund werden wird. Doch er sieht auch etwas Gutes in dieser Zeit, denn ganz neu stellt er sich die Frage nach dem, was im Leben wichtig ist.

Werner M. ist glücklich, dass er als geheilt aus dem Krankenhaus entlassen wird. Er braucht jetzt viel Kraft für seinen Beruf, da er die Verantwortung für ein großes, interessantes Bauvorhaben seiner Firma übertragen bekommt. Damit ist er am Ziel seiner beruflichen Träume angekommen. Werner M. ist jetzt oftmals auch abends und am Wochenende auf der Baustelle. Für seine Familie bleibt wenig Zeit, zu wenig. Manchmal tut ihm das sehr weh.

Aber meistens verdrängt er diesen Gedanken.

Die Kinder sind inzwischen selbständiger und schon ein bisschen erwachsen geworden. Werner M. bedauert, dass es nur noch selten zu ausgiebigen Gesprächen oder gemeinsamen Unternehmungen mit ihnen kommt. Und leider geraten sein Sohn und er immer häufiger aneinander.

Irgendwann in dieser Zeit stellt Werner M. fest, dass er sich in einer tiefen Sinnkrise befindet. „Musste ja wohl irgendwann kommen, meine Midlifecrisis!“, beruhigt er sich selbst. Er weiß nicht mehr, warum er weiterleben soll, und fühlt sich oft deprimiert. Genau in dieser Zeit kommt es zu folgender Situation:

Werner M.

Werner M. erwachte am 4. Mai etwas früher als sonst. Kein Geräusch war zu hören. Wahrscheinlich war es gerade diese außergewöhnliche Stille, die ihn erwachen ließ und beunruhigte. Das Bett neben ihm war leer. Warum war seine Frau schon aufgestanden?
Werner M. schlurfte noch etwas schlaftrunken in die Küche, ins Wohnzimmer – es war niemand da. Augenblicke später stellte er fest, dass auch die Kinderzimmer leer waren. Er ging zurück ins Wohnzimmer und drehte das Radio an. War heute irgendein besonderer Tag, den er vergessen hatte? Das Radio blieb stumm. Im ganzen Haus, so stellte er fest, war kein Strom. Aber auch das kleine Batterieradio in der Küche gab keinen Ton von sich.
Werner M. war inzwischen hellwach. Hastig zog er sich an. Noch einmal lief er durch alle Zimmer des Hauses. Niemand war da. Nicht einmal der Kater „Sir Freddie".
Werner M. stürzte in den Vorgarten. Normalerweise konnte man hier um diese Zeit die Menschen auf dem Weg zur Arbeit und zur Schule beobachten. Fußgänger, die vorbeieilten, und Autos, die die Straße füllten, prägten das Bild. Aber heute war alles anders. Kein Mensch war zu sehen, kein Wagen fuhr die Straße entlang. Ein paar Autos standen am Straßenrand, aber niemand saß darin. Auf der anderen Straßenseite war der Kiosk heute geschlossen. Werner M. holte dort sonst jeden Morgen seine Tageszeitung und frische Brötchen. Manchmal musste er warten, weil mehrere Leute vor ihm an der Reihe waren.
Ein unheimliches Gefühl stieg in Werner M. hoch. Er wollte es sich nicht eingestehen, was er doch schon wusste. Er stieg betont selbstsicher, wenn auch vielleicht etwas hastig, in sein Auto und lenkte es auf die Straße. Er fuhr Richtung Stadtmitte. Überall dasselbe Bild: Kein Lebewesen war zu sehen. Kein Auto begegnete ihm.
Bald fielen ihm weitere Einzelheiten auf: Die Verkehrsampeln waren außer

Betrieb. Die Fabriktore waren geschlossen. Die große Tankstelle lag wie tot, obwohl sie sonst Tag und Nacht geöffnet war.
Werner M. drohte in Panik zu geraten. Er fuhr zur Polizeistation im Zentrum. Die Eingangstür war geöffnet, aber die Eingangshalle war leer. Er lief durch die Räume, den langen Flur entlang, zur Einsatzzentrale – alles leer! Er griff wahllos nach einem der in den Büros herumstehenden Telefone, nahm den Hörer ab – kein Zeichen war zu hören, die Leitung war tot! Jetzt spürte er ein deutliches Würgen im Hals. Er sprang wieder in seinen Wagen und raste zurück nach Hause. Noch einmal lief er durch alle Zimmer, er durchsuchte alle Kellerräume, schaute peinlich genau in jedes Versteck und tat es doch nur mit halbem Herzen, so als erwartete er nicht mehr, jemanden zu finden. Dennoch lief er anschließend zum Nachbarn hinüber, wartete nach dem Klingeln nur Bruchteile einer Sekunde und eilte weiter zum Hintereingang, der nie abgeschlossen wurde. In wenigen Augenblicken lief er durch alle Räume des Hauses, rannte weiter zum nächsten Haus, fing plötzlich laut an zu schreien: „Wo seid ihr denn alle?" und gab erst nach einer halben Ewigkeit verzweifelt seine Suche nach Lebewesen auf, inzwischen in der dritten oder vierten Querstraße.
Werner M. versuchte, im Schlenderschritt nach Hause zurückzugehen, aber das gelang ihm nur unvollkommen, da er am ganzen Leibe zitterte. Sein Herzschlag war als gewaltiges Hämmern in seinem Kopf zu spüren und bildete eine gespenstische Geräuschkulisse für die Frage, die ihn nicht wieder losließ: „Bin ich denn der einzige Mensch auf der Welt?" – „Bin ich denn der einzige Mensch auf der Welt?" – „Bin ich denn ganz allein, ist sonst niemand auf der Welt?"
Irgendwann am Nachmittag war er wieder einigermaßen Herr seiner Sinne. „Nur ruhig bleiben jetzt", sagte er leise vor sich hin, „nur nicht den Kopf verlieren!" Er holte ein lauwarmes Glas Orangensaft aus dem Kühlschrank und setzte sich auf einen der Gartenstühle auf der Terrasse. Es war einer der ersten warmen Frühlingstage in diesem Jahr, und normalerweise hätte er diesen Augenblick zu genießen gewusst. Jetzt jedoch

musste er all seine Konzentration aufwenden um nachzudenken. „Wie kann das geschehen sein? Wo sind die anderen? Was ist passiert?" Werner M. nippte geistesabwesend an seinem Saft. „Ich muss das Beste daraus machen. Was bleibt mir anderes übrig? Sicher hat die Situation auch Vorteile. Diese Ruhe habe ich mir doch sonst immer gewünscht. Und ich kann tun und lassen, was ich will. Ich brauche nicht zur Arbeit zu gehen, ich kann mir alles nehmen, was ich zum Leben und zum Wohlfühlen brauche. Ich kann das nächste Lebensmittelgeschäft betreten und mich bedienen."

Er richtete sich auf und presste die Lippen aufeinander. „Es gibt ja keinen Strom, dann wird ein Teil der Lebensmittel verderben. Es gibt wohl bald kein Leitungswasser mehr. Es gibt kein Fernsehen, keine Zeitung." Ein Gefühl wie in seiner Kindheit kam in ihm hoch, als er begeistert das Buch von Robinson Crusoe verschlang, der auf einer einsamen Insel strandete. Nur fehlte jetzt alle Begeisterung.

Werner M. dachte zurück an die vergangenen Tage. Es hatte reichlich viel Ärger gegeben. Die Sache mit dem Nachbarn, der sich wieder mal über den Kater aufregte. Oder vorgestern im Supermarkt, als er seine Aktentasche vor allen Leuten auspacken musste, weil irgendeine übereifrige Verkäuferin meinte, Detektivin spielen zu müssen. Und der Geschäftsführer hat sich danach nicht mal richtig entschuldigt. Werner M. dachte auch an die Vorfälle in seiner Familie. Mit dem Sohn gab es seit längerem Krach. Aber in den letzten Tagen war auch das Verhältnis zu seiner Frau katastrophal geworden. Sie hatten sich beide nur noch angeschrieen oder gar nichts gesagt. Gestern war ihm dann der Kragen geplatzt. Er hatte gedroht wegzugehen, nie wiederzukommen. Er hatte keinen mehr sehen wollen. Er hatte die Nase gestrichen voll gehabt.

Werner M. spürte die bittere Ironie, mit der sein Wunsch in Erfüllung gegangen war. Er stand auf und ging im Garten auf und ab. Die Stille wirkte nicht beruhigend, sondern nur bedrückend. An der Schaukel im Kirschbaum machte er gedankenversunken halt. Hier hatte er oft mit seinen

Kindern gespielt, früher, als er sich noch Zeit dafür genommen hatte. Fast wurde er etwas ärgerlich, dass er hier an der Schaukel stand und Sehnsucht nach seinen Kindern bekam. „Eigenartig!“ dachte er, „als ich meinte, meine Familie als festen Besitz zu haben, der mir immer zur Verfügung steht, da entfernte ich mich gefühlsmäßig immer weiter von ihr. “
Was hätte er jetzt dafür gegeben, wenn ihm der Nachbar über den Zaun zuwinken würde. Eigentlich hatte er mit seinen Nachbarn großes Glück gehabt. Und früher, früher, da hatten sie oft auf der Terrasse zusammen gesessen, bis in die Nacht hinein, früher … Aber später war dann das Verhältnis ähnlich geworden wie zu seiner Familie, eingefahren, ohne gegenseitige Erwartungen. Als er begonnen hatte, die Nachbarn als selbstverständliche Freunde anzusehen, da war die Freundschaft unausgesprochen schon Vergangenheit.
„Weiß ich denn nur dann Menschen zu schätzen, wenn sie mir nicht sicher oder wenn sie sogar fort sind? Wie schön wäre es jetzt, wenn sie alle da wären!“ dachte er bei sich. Und schämte sich nicht mehr über diesen Wunsch. Er dachte an seine Familie und an die Nachbarn. Er dachte an die Verkäuferin im Supermarkt und an die Menschen, die um diese Zeit normalerweise von der Arbeit zurückkämen. Und, aus anderen Motiven, dachte er an die Monteure im Elektrizitätswerk, die Fernsehjournalisten und den Bäckermeister.
Inzwischen war es dunkel geworden, die Nacht begann. Keine Straßenlampe brannte, kein Fenster war erleuchtet. Werner M. atmete tief durch, er fühlte sich trotz allem irgendwie erleichtert. Er wusste, dass er keinen Menschen mehr besaß und niemals mehr besitzen würde. Er hatte gelernt, was jeder Mensch wert ist.
Er legte sich bald danach ins Bett und schlief sofort ein. Es war ein erfrischender, traumloser und sehr tiefer Schlaf.
Als Werner M. am nächsten Morgen erwachte, fasste er wie gewohnt neben sich. Er spürte die Hand seiner Frau. Werner M. drückte ihre Hand zart und voller Dankbarkeit.

Gerade als das Verhältnis zu seiner Frau und seinen Kindern wieder deutlich besser wird, erhält er eine Hiobsbotschaft: Seine Firma muss Konkurs anmelden. Werner M. ist plötzlich arbeitslos. Das ist eine völlig neue Erfahrung für ihn: Er wird nicht mehr gebraucht. Doch gemeinsam mit seiner Frau steht er diese schwere Zeit durch. „Zum ersten Mal kann ich mir vorstellen", gesteht er ihr, „dass mein Wert nicht nur von meinem Erfolg und meiner Leistung abhängig ist".

Vier Monate später beginnt Werner M. bei einer anderen Firma zu arbeiten. Er verdient jetzt zwar deutlich weniger, hat aber auch nicht mehr so viel Verantwortung zu tragen und kann sich wieder mehr Zeit für seine Frau nehmen. Die beiden erleben sogar eine Art zweiten Frühling.

27 Jahre sind Werner M. und seine Frau jetzt verheiratet. Sie entschließen sich, eine Reise nach Amerika zu unternehmen, von der sie schon lange geträumt haben. Am vorletzten Tag dieser Reise geschieht das Unfassbare: Seine Frau wird von einem betrunkenen Autofahrer erfasst und stirbt wenige Stunden später im Unfallkrankenhaus, ohne noch einmal zu Bewusstsein zu kommen. Für Werner M. bricht auf einen Schlag die Welt zusammen.

Noch zwei Jahre danach ist sein Schmerz grenzenlos. Deshalb ist er froh, wenn er arbeiten kann und abgelenkt wird. Die Abende sind grausam und endlos lang. Werner M. trinkt regelmäßig Wein, um den Schmerz zu betäuben und auf andere Gedanken zu kommen. „Nicht viel, vielleicht drei oder vier Gläser!"

Als ihm ein Arbeitsplatz in einer anderen Stadt angeboten wird, greift er sofort zu. Zu Hause erinnerte ihn doch nur alles an seine Frau. Und jetzt freut er sich, noch einmal neu beginnen zu können.

Seit über einem Jahr wohnt Werner M. in der neuen Stadt. Zuerst hat er über den Arbeitsplatz hinaus nur wenige Kontakte. Dann engagiert er sich in einer Kirchengemeinde und nimmt an einer Selbsthilfegruppe für Trauernde teil. Dort freundet er sich schon bald mit einer netten Frau an. Sie hat ihren Mann vor wenigen Monaten durch eine schwere Krankheit verloren. Sie kommen sich schnell näher, und schon bald

„funkt“ es zwischen ihnen. Werner M. ist wieder verliebt, so wie damals und doch ganz anders. Und wieder ist alles möglich, was bisher unmöglich erschien.

Jahre später geht Werner M. in den Ruhestand. Er freut sich, dass er jetzt noch mehr Zeit für seine Freundin hat. Sie unternehmen gemeinsam viele Reisen. Schon früher hatte er oft davon geträumt, als Weltenbummler unterwegs zu sein.

Werner M. ist 67 Jahre alt, da stirbt seine Mutter. Als er die Nachricht aus dem Altersheim erhält, kann er es kaum fassen. Gerade hatte er sich vorgenommen, sie wieder häufiger zu besuchen! Er hatte sie noch vieles fragen wollen. Sie ist deutlich über 90 Jahre alt geworden, eigentlich ein stolzes Alter! Aber er hatte nie richtig darüber nachgedacht, dass auch sie eines Tages sterben würde.

Mehr als bisher leidet Werner M. jetzt unter Gelenkschmerzen. Manchmal kommen sie in Schüben und sind kaum auszuhalten. Noch einmal unternimmt er eine große Reise. Unterwegs muss er häufig im Hotel oder im Bus bleiben, weil ihn die Knie so stark schmerzen.

Es sollte wohl seine letzte Reise gewesen sein. Werner M. lebt jetzt selbst in einem Altersheim. Dort wird gut für ihn gesorgt. Und manchmal fragt er sich besorgt, welche Veränderung ihm wohl noch bevorsteht.

Wann ist die Zeit reif?

Jeder Mensch erlebt Phasen in seinem Leben, in denen er sich um Veränderungen und Wachstum herumdrückt. Der junge Mann weigert sich, erwachsen zu werden und die Verantwortung für sein Leben selbst zu übernehmen. Eine Studentin findet seit Jahren kein Ende mit ihrer Dissertation. Ein fußballbegeisterter Vater nimmt sich nicht die Zeit, sich um seine kleinen Kinder zu kümmern, besucht aber weiterhin mehrmals in der Woche seinen Sportverein. Eine ältere Frau kann nicht akzeptieren, dass ihre Kräfte nachlassen. Sie überfordert sich so lange, bis sie erschöpft zusammenbricht.

Ich erinnere mich an meine Tante Sophie, die eine fröhliche und äußerst sportliche Diakonisse war. Noch mit 82 Jahren fuhr sie regelmäßig Fahrrad.

Diejenigen, die sie gut kannten, rieten ihr heftig davon ab, denn sie fuhr schon äußerst unsicher. Eines Tages rollte sie viel zu schnell auf eine Kreuzung und stieß dort frontal mit einem Auto zusammen. Sie starb wenige Tage später auf der Intensivstation im Krankenhaus.

Ein Unternehmer findet nicht den richtigen Zeitpunkt, die Firma an seine Kinder oder einen anderen Nachfolger zu übergeben. Und eine alte Dame kann sich nicht von den großen traurigen Augen ihrer längst verstorbenen Mutter lösen, die ihr immer noch die alte Botschaft vermitteln: „Sei ein liebes, braves Kind!"

Anregungen zum Nachdenken und zum Gespräch:

1. Wo in Ihrem Leben gab es einschneidende biografische Veränderungen?
2. Wann haben Sie sich um die Herausforderung gedrückt, in Phasen des Wandels persönlich zu wachsen?
3. In welchen Lebensphasen gelang Werner M. Ihrer Meinung nach persönliches Wachstum und warum?
4. Inwiefern könnte der Traum von Werner M. so oder ähnlich auch Ihr Traum sein?
5. Welcher Wachstumsschritt, welche aktive innerliche oder äußerliche Veränderung steht in Ihrem Leben an?

3
Wachstum und Veränderung als Lebensaufgabe

Leben bedeutet Wachstum und Veränderung. Wenn ich bei einem Wettlauf stehen bleibe und aufgebe, werde ich mein Ziel nicht erreichen. Kein Wachstum? Vielleicht wird mir deutlich, dass ich mehr trainieren muss – das ist Wachstum. Oder ich stelle fest, dass ich meine Taktik ändern muss – das ist Wachstum. Oder ich erkenne deutlich meine Grenzen und akzeptiere sie – auch das ist Wachstum.

Im ersten Kapitel ging es darum, dass sich die Welt immer schneller ändert. Das Tempo und die Anforderungen nehmen laufend zu. Wenn ich mich davor völlig verschließe und jede Herausforderung ablehne, werde ich auf meinem Lebensweg nicht weiter vorwärts kommen. Ich werde nicht wachsen, sondern „schrumpfen". Ich werde nicht lebendiger, nicht stärker, nicht lebensfähiger.

Wo findet man Glück?

Der Theologe, Logotherapeut und Existenzanalytiker Uwe Böschemeyer hat herausgefunden, dass die „Weiterbildung der Persönlichkeit" die „primäre Voraussetzung für Glücksfähigkeit" ist. „Wenn nicht in uns selbst das Leben fließt, wenn sich nicht die eigene Seele immer wieder erneuert, verändert, weiter und tiefer wird, stellt es [das Glück] sich auf Dauer nicht ein."

Uwe Böschemeyer, Worauf es ankommt, München 2003, S. 152–153

Nur wenn ich mich dem Neuen stelle und die Herausforderungen annehme, wird sich mein Leben verändern und ich werde wachsen. Ich werde lebendiger und resilienter (siehe Teil 3, 1). Das heißt nun allerdings nicht, dass ich jeden Trend mitmache und jedes Tempo mitgehe. Vielmehr geht es darum, mutig zu entscheiden, wo ich mich anpasse, wo ich mich dem Wettkampf stelle, wo ich die neue Richtung akzeptiere – und wo ich Orte finde, an denen ich zur Ruhe komme, wo ich lieber andere Werte und andere Ziele verfolge oder aus dem Rennen um die ersten Plätze aussteige. Jede Entscheidung, jede bewusste Wahl verändert mich – und meistens bringt sie mich auch voran.

Im zweiten Kapitel ging es darum, dass sich meine Lebensumstände immer wieder ändern. Ich werde Schüler, ich trete ins Berufsleben ein, ich verlasse mein Elternhaus, ich heirate, ich bekomme Kinder. Jeder neue Lebensabschnitt stellt mich vor eine neue Aufgabe. An jedem Lebensabschnitt kann ich wachsen oder scheitern. Und mit jedem Scheitern kann ich lernen und stärker werden oder aber ein Stück weiter im Moor der Lebensunfähigkeit versinken.

In der ersten Lebenshälfte sehe ich neue Lebensabschnitte meistens als Fortschritt an: Ich darf in die Schule gehen! Endlich verdiene ich Geld! Ich habe eine eigene Familie! Aber auch in jungen Jahren kann es bereits sehr bedrohliche Änderungen geben: Mein Vater stirbt. Ich werde schwer krank. Eines meiner Kinder leidet unter einer Behinderung. Ich werde entlassen. Doch gerade diese Herausforderungen sind besondere Wachstumsmöglichkeiten für mich. Ich kann mich und mein Leben ändern, ich kann dazulernen und mutig handeln – oder ich flüchte, bemitleide mich selbst als tragisches Opfer böser Kräfte oder negativer Umstände, jammere und resigniere.

In meiner zweiten Lebenshälfte sehe ich manche der neuen Lebensabschnitte erst einmal als Rückschritte an: Ich kann nicht mehr Fußball spielen, weil die Verletzungsgefahr inzwischen zu groß ist. Die Kinder gehen aus dem Haus, und es ist dort merkwürdig leer und still geworden. Und selbst der Ruhestand entpuppt sich als zweischneidige Sache. Doch ich wachse, wenn ich das akzeptierc, was ich nicht ändern kann, wenn ich loslassen lerne und mich auf die Suche mache nach dem, was meinem Leben einen Sinn gibt.

Nun sind Wachstum und Veränderung jedoch nicht nur dann eine Aufgabe, wenn sich die Welt um mich herum ändert oder ein neuer Lebensabschnitt beginnt. Leben ist in jeder Phase nur dann wirkliches Leben, wenn ich in Bewegung bin und innerlich wachse.

Herausforderungen zum Wachstum

Wachstum und Veränderung sind vor allem dann möglich, wenn ich einem Hindernis gegenüberstehe, einen Fehler gemacht habe oder in einer Krise stecke. Jedes Hindernis kann ein Anstoß sein, die Richtung oder meine Lebensstrategie zu verändern. Jeder Fehler kann mich ermuntern, dazuzulernen. Jedes Problem ist eine Chance, mutiger zu sein oder mich auf meine inneren Kräfte zu besinnen, loszulassen oder eine andere Entscheidung zu treffen. Und jede Krise ist ein Ruf oder gar ein Schrei meiner Seele, dass sich dringend etwas in meinem Leben ändern muss.

Dabei will ich diesen Hilferuf meiner Seele eigentlich gar nicht hören. Denn er sagt mir, dass mir jetzt normalerweise der schmerzhafte Prozess des Wachstums bevorstehen würde. Und den zu vermeiden, ist mir häufig wichtiger, als mich meiner Herausforderung zu stellen. „Durch den Schmerz, Problemen zu begegnen und sie zu lösen, lernen wir." So sagt es der amerikanische Psychotherapeut M. Scott Peck in seinem Buch *Der wunderbare Weg* (Gütersloh 1987, S. 16). „Aus diesem Grund lernen weise Menschen, Probleme nicht zu fürchten, sondern willkommen zu heißen". Und weiter: „Wir versuchen, Probleme zu umgehen, statt sie rundheraus in Angriff zu nehmen. Wir versuchen, aus ihnen herauszukommen, statt sie zu durchleiden. Diese Neigung, Problemen und den ihnen innewohnenden gefühlsmäßigen Leiden auszuweichen, ist die Hauptgrundlage aller menschlichen seelischen Krankheiten" (ebd.).

Es gibt weise Menschen, die nicht erst warten, bis Problemchen zu Problemen oder ausgewachsenen Krisen werden. Sie räumen ihren Schreibtisch auf, bevor dort ein Chaos entsteht. Sie haben es sich generell abgewöhnt, Dinge auf die lange Bank zu schieben: Wenn sie bemerken, dass es ihnen nicht gut tut, mitten in der Woche Alkohol zu trinken, dann ziehen sie ihre Konsequenzen. Wenn sie sich dabei ertappen, dass sie zur selben Zeit essen, Radio hören, an ihre Arbeit denken und mit ihrer Frau ein Gespräch führen, dann zielen sie darauf hin, in Zukunft nur noch eine Sache zur selben Zeit zu machen. Wenn sie in ihrem Leben eine negative Entwicklung erkennen, dann versuchen sie konsequent, ihr Verhalten oder die Umstände zu ändern, statt zu warten, bis sie tief in einer Krise stecken. Tief in einer Krise? Unzählige Menschen müssen leider erst tief fallen, bevor sie endlich ihr Leben ändern – wenn es dafür noch nicht zu spät ist.

Positive Ziele

Ich kann mich also verändern und weiterentwickeln, weil ich mit gewissen Zuständen in meinem Leben nicht zufrieden bin oder unter ihnen leide. Ich kann unter negativen Gewohnheiten ebenso leiden wie unter meiner Unfähigkeit, Nein zu sagen. Ich kann eine falsche Entscheidung korrigieren oder eine negative Beziehung beenden. In allen diesen Fällen reagiere ich auf etwas, das mir nicht gefällt oder mir nicht gut tut.

Ich kann aber auch eine Veränderung anstreben, weil ich positive Ziele vor meinem inneren Auge sehe:

Ich will gelassener werden.
Ich will authentischer leben.
Ich will fröhlicher werden.
Ich will konsequenter sein.
Ich will liebevoller sein.

Doch wahrscheinlich ist auch an diesen Veränderungen eine „kleine Krise“ beteiligt: Ich will deshalb gelassener werden, weil ich bisher vieles zu ernst nehme und mir ständig Sorgen mache. Ich will deshalb authentischer leben, weil ich mich viel zu oft nach anderen Menschen oder der „öffentlichen“ Meinung richte. Ich will deshalb fröhlicher werden, weil mich meine Tochter gefragt hat:

„Papa, warum lachst du so selten?" Ich will deshalb konsequenter sein, weil ich das ständige Hin und Her, das Vor und Zurück in meinem Leben nicht mehr aushalten kann. Und ich will deshalb liebevoller sein, weil ich mich selbst manchmal als kalt, rücksichtslos oder von meinen Mitmenschen seltsam isoliert empfinde.

Trotzdem ist es wichtig, meine Ziele positiv zu formulieren. Es ist schließlich ein Unterschied, ob ich mir sage: „Ich will mich nicht länger von meinen Sorgen quälen lassen!" oder „Ich will gelassener sein!" Positive Ziele sind immer leichter zu erreichen. Und übrigens: Mein Unterbewusstsein unterstützt mich bei einem Vorhaben vor allem dann, wenn ich es positiv formuliert habe.

Was hindert mich daran, mich und mein Leben zu ändern?

„Widerstand gegen Veränderungen ist ein universelles Phänomen", so bringt der amerikanische Psychotherapeut und Mediziner Frederic F. Flach in seinem Buch *Die Kraft, die aus der Krise kommt* (Freiburg im Breisgau 2003, S. 23) die Sache auf den Punkt. Warum das so ist? Nun, jeder Mensch sucht sich seinen festen, sicheren Platz im Leben. Jeder sucht sich eine eindeutige Identität: „Ich bin eine fürsorgliche und engagierte Mutter und Ehefrau." – „Ich bin in meiner Firma unentbehrlich und werde bald befördert." – „Ich wurde von meinen Eltern früher vernachlässigt und bin deshalb heute depressiv und unglücklich." – „Ich kann einfach keine Ordnung halten." Jede Veränderung bedeutet: Ich verliere ein Stück von meiner bisherigen Identität. Ich bin nicht mehr die Person, die ich einmal war. Und davor hat jeder Mensch Angst.

Angst und Trägheit

Jede Veränderung kann die innere Landkarte meines Lebens durcheinander bringen. Die Schmerzen, die damit verbunden sind, versuche ich so weit wie möglich zu vermeiden. Ich habe Angst vor diesen Schmerzen. Ich habe Angst vor Veränderung. Manchmal kann mich meine Angst vor überhasteten oder falschen Schritten bewahren. Aber meistens hindert sie mich daran zu leben. Angst hindert mich daran, mich zu ändern oder eine Veränderung zu akzeptieren. Ich habe Angst, meinen Glauben oder meine Überzeugung zu verlieren, meine Sicherheit oder mein Gesicht, meinen Wert oder meine letzte Hoffnung, mein Bild von mir selbst oder meine Schuldgefühle. Ich habe sogar Angst, mein Übergewicht zu verlieren, an das ich mich doch so sehr gewöhnt habe, oder meinen Kummer, der mir doch so viel Mitleid einbringt.

Aus Angst bringe ich mich um die meisten Möglichkeiten meines Lebens, aus Angst und aus Trägheit. Diese beiden arbeiten hervorragend zusammen und sind manchmal kaum voneinander zu unterscheiden. Wohlgemerkt: Trägheit ist etwas anderes, als auszuspannen und sich auszuruhen. Trägheit ist Nachlässigkeit gegenüber dem Leben. Trägheit lässt mich dem Leben zuschauen, zum Beispiel vor dem Fernseher, wo andere für mich Leben spielen, statt mein Leben selbst zu gestalten und so zu wachsen. Trägheit lässt mich vor einem Problem kapitulieren, weil ich lieber passiv bleibe. Trägheit lässt mich in meinen alten Umständen verharren, auch wenn ich diese vehement und bei jeder Gelegenheit beklage.

Bequem und träge

Der Verhaltensbiologe Felix von Cube sagt in einem Interview: „Der Mensch hat offenbar schon immer geglaubt, das Glück liege darin, alles zu haben und nichts zu tun. Verständlich ist das schon. Aber tatsächlich machen wir bei unserem Streben nach Lust ohne Anstrengung entscheidende Fehler: Wir vermeiden die Anstrengung der Bewegung – und leiden an Rückenproblemen und Fettleibigkeit. Wir möchten unser Leben auf Mallorca genießen – und sterben vor Langeweile. Wir suchen den leichten Weg zu Erfolg und Anerkennung – und ernten Ablehnung und Niederlagen.“

vgl. Gundula Englisch: Mit der Leistung zufrieden, www.changeX.de vom 14. Oktober 2003

Nach dem Schmerz

Eine Herausforderung anzunehmen bedeutet, Schmerz zu spüren und auszuhalten. Mich einem Problem zu stellen, das tut weh. Aber der Schmerz hält nicht auf Dauer an. Am Ziel stehen Veränderung und Wachstum. Ich habe einen wichtigen Schritt zu mehr Leben gemacht.

So kann ich feststellen, dass wirkliche, tiefe Lebensfreude mich erst dann ergreifen und bereichern wird, wenn ich den Schmerz der Veränderung ausgehalten und erlitten habe.

Mein Lebensraum wurde erweitert.
Ich bin lebendiger geworden.
Ich habe an Selbstbewusstsein gewonnen.
Ich bin lebensfähiger geworden.
Ich erfahre eine ermutigende Freude.
Ich bin weniger ängstlich.
Ich bin gelassener.
Ich bin bereit, weiter zu wachsen.

Anregungen zum Nachdenken und zum Gespräch:

1. Welche Methoden und Tricks verwenden Sie, um dem Schmerz der Veränderung auszuweichen?
2. Wann wurde in Ihrem Leben ein kleines Problem dadurch ein großes Problem, dass Sie es viel zu lange vor sich her geschoben haben?
3. Welche positiven Ziele möchten Sie gern in nächster Zeit verfolgen?
4. In welchen Bereichen Ihres Lebens regiert die Trägheit?
5. Vor welchen wichtigen Veränderungen oder Wachstumsschritten haben Sie besonders große Angst?

4 Wachstum und Veränderung als geistliche, spirituelle Aufgabe

Wenn ich eine persönliche Herausforderung annehme und meiner Angst und meinem Schmerz standhalte, beginnt für mich ein Prozess inneren Wachstums, darauf kann ich mich fest verlassen. Mein Lebensraum wird erweitert. Und in gewisser Weise mache ich bereits eine spirituelle Erfahrung.

Trotzdem ermutigt mich der christliche Glaube noch zu ganz anderen Wachstumsschritten. Manches kann dabei sehr schnell gehen, anderes braucht viel Zeit.

Schnelles Wachstum

Erinnern Sie sich an Werner M.? Als er sich verliebte, änderte sich von einem Augenblick zum anderen viel. „Alles, was bisher unmöglich erschien, ist jetzt möglich", so hieß es da. Auch der Glaube kann ein Leben von einem Augenblick zum anderen völlig verändern. Was bisher unmöglich erschien, erscheint jetzt möglich und sogar selbstverständlich.

Ich denke daran, wie Jesus den Brüdern Petrus und Andreas begegnete. Beide waren Fischer, als sie gerade ihre Netze ins Meer warfen. Er sagte ihnen: „Folgt mir nach! Ich will euch zu Menschenfischern machen." Und tatsächlich, sie ließen ihre Netze zurück und folgten Jesus (Matthäus 4,18–20). Sie taten das ohne 14 Tage Bedenkzeit. Und sie bereiteten sich auf das große Abenteuer auch nicht mit einer dreijährigen Jüngerschaftsschule vor. Die hatten sie allerdings jetzt vor sich.

Liebe, Glaube, Begeisterung oder eine besondere Vision kann vieles im Leben eines Menschen von einem Augenblick zum anderen verändern. Und doch steht ihm ein Leben voller schmerzhafter Wachstumsschritte erst noch bevor.

Saulus, der später Paulus genannt wurde, war in seiner Jugend ein besonders eifriger und eifernder Verfolger der ersten Christen. Doch eines Tages auf dem Weg nach Damaskus, so wird in der Apostelgeschichte Kapitel 9 berichtet, umstrahlte ihn plötzlich ein helles Licht, und er hörte eine Stimme: „Ich bin Jesus, den du verfolgst!" Dieses Erlebnis, so wird berichtet, veränderte das Leben des Paulus auf einen Schlag. Er wurde von einem Verfolger zu einem Anhänger von Jesus Christus. Doch bevor Paulus zum großen Missionar wurde, zog er sich erst einmal für einige Jahre zurück. Warum? Um zu lernen und viele kleine Wachstumsschritte zu machen.

Den Glauben annehmen, von Gottes Geist ergriffen werden, sich wie neugeboren fühlen, die Kraft der Liebe, die Taufe – manchmal kann alles ganz schnell gehen. Es kann! Doch viele Christen berichten davon, dass ihr Weg zum Glauben viele Jahre gedauert hat. Sie berichten von Begeisterung und Zweifeln, von Fragen und Antworten, von Fortschritten und Rückschlägen. Sie berichten von einem Weg, der manchmal äußerst steinig und anstrengend war.

Langsames Wachstum

Doch dieser Weg steht allen bevor, auch denjenigen, die von einem Augenblick zum anderen den Ruf Gottes beantwortet haben. Wachstum und Veränderung wird sie begleiten mit allen Ängsten, Zweifeln und Schmerzen – oder ihr Glaube wird mit der Zeit schal wie abgestandenes Wasser.

Glaube ohne Wachstum, das ist wie eine Blume, die nicht blüht, oder wenn Ihnen ein Bild aus der Technik näher liegt, wie ein Auto, das nicht fährt. Vielleicht kennen Sie Christen, die erschreckend einseitig sind, weil sie sich um den Schmerz des Wachstums gedrückt haben. Ich kenne viele davon (und auch mich kenne ich sehr gut): Manche erzählen begeistert von ihrem Glauben, hören aber selbst ihren Gesprächspartnern gar nicht richtig zu. Einige wissen bis in alle Einzelheiten, was verboten ist, aber haben keine Ahnung, was Spaß macht. Viele kennen ihre eigenen Fehler, Schwächen und Probleme sehr genau, aber nicht ihre verborgenen inneren Schätze. Etliche fühlen sich in der Vergangenheit wie zu Hause, dafür ist die Gegenwart für sie noch ein weißer Fleck auf der Landkarte des Lebens. Manche sehen ständig die Fehler bei den anderen, aber nie bei sich selbst. Einige sind liebevoll zu ihren Mitchristen, aber nicht zu ihren sonstigen Mitmenschen. Einige sind sehr eifrig, aber leider gar nicht sympathisch. Und etliche legen mit blumigen Worten davon Zeugnis ab, wie schön es ist, erlöst zu sein, sehen aber äußerst unerlöst aus.

Wachstumsschritte, schnelle und langsame, große und kleine, sind in allen Lebensbereichen möglich. Einige Bereiche will ich bereits hier vorstellen:

Die innere Landkarte

Mein Glaube verändert Teile meiner inneren Landkarte. Aber auch das gelingt nur Schritt für Schritt:

Die Welt ist für mich nicht länger ein Produkt des Zufalls, oder doch immer noch? Pflanzen, Tiere und Menschen sind nicht allein durch eine seelenlose Evolution entstanden, oder doch? Ich blicke in den Sternenhimmel und bewundere die Werke eines liebevollen Schöpfers, oder nicht? Ich laufe über eine Wiese und sehe in ihr nicht nur günstiges Bauerwartungsland, mit dem sich spekulieren lässt, sondern ein Stück Garten Gottes, oder doch nicht? Und ich sehe in den Menschen neben mir nicht nur die Konkurrenten oder Gegner, sondern auch die geliebten Kinder Gottes, oder?

Das Leben ist für mich nicht länger nur eine Flamme, die kurz aufleuchtet und dann für immer verlöscht. Leben ist ein kostbares Geschenk, das von Gott kommt und eines Tages zu ihm zurückkehrt.

Doch meine Landkarte ändert sich nicht von allein. Jeder Mensch, ob religiös oder nicht, hat die Aufgabe, seine Landkarte ständig zu erweitern. „Viele von uns aber möchten diese Anstrengung nicht auf sich nehmen. Einige hören am Ende der Adoleszenz (Endphase des Jugendalters) damit auf. Ihre Landkarten sind klein und ungenau, ihre Weltsicht ist eng und irreführend. Gegen Ende des mittleren Alters haben die meisten Leute ihre Bemühungen aufgegeben“ (M. Scott Peck, *Der wunderbare Weg,* S. 44).

Das alte Ego

Auf meiner alten Landkarte war mein altes Ego zu sehen. Dieses Ego versuchte mit allen Mitteln, sich seinen Wert zu beweisen: Es arbeitete bis zum Umfallen, es versuchte andere auszustechen, es baute pausenlos an seinem eigenen Denkmal und sicherte sich mit allen Tricks ab. Es kreiste ständig um sich selbst. Warum? Weil es ängstlich und unsicher war. Weil es sich heimatlos fühlte. Weil es sich nach Liebe sehnte. Weil es innerlich leer war.

Jesus drückte es so aus: „Wer sein Leben findet, wird es verlieren. Und wer es meinetwegen verliert, wird es finden“ (Matthäus 10,39). Wer nur um sich selbst kreist, wird ein leeres Ego finden. Wer aber dieses leere Ego loslässt und erkennt, wer er wirklich ist, der wird in Wahrheit leben.

Das Selbstwertgefühl

Je mehr sich manche Menschen in den Vordergrund spielen müssen, je mehr sie ihre Erfolge stolz vor sich hertragen, umso geringer ist ihr Selbstwertgefühl. Und umgekehrt: Je geringer ihr Selbstwertgefühl ist, umso deutlicher müssen sie bei jeder Gelegenheit ihre eigenen Leistungen und Fähigkeiten herausstellen und betonen. Die wirklich großen Menschen sind stets bescheiden.

Richtig verstanden ist der christliche Glaube Balsam für alle, die an ihrem Wert zweifeln. Denn als „Kind Gottes“ steht ihr Wert für alle Zeit fest. Sie müssen sich nicht länger aufblasen und vordrängeln. Sie können darauf vertrauen, dass sie von Gott gewollt und geliebt sind.

Schuld und Vergebung

Viele Menschen können jedoch deshalb nicht an ihren Wert glauben, weil sie unter einer großen Schuld leiden. Sie leiden unter ihren negativen Gedanken, unter destruktiven Taten, sie leiden unter echter Schuld oder unter dem, was andere ihnen immer wieder eingeredet haben.

Mein Glaube sagt mir, dass ich meine Schuld nicht länger wegdrücken muss. Ich darf zu ihr stehen. Ich muss sie nicht als Schatten in mein Unterbewusstsein verbannen. Ich darf sie mir von Gott vergeben lassen. Und ich darf über sie herzlich lachen, wenn ich nur der unschuldige Sündenbock für meine Mitmenschen war.

Und noch etwas: Vergebung und christlicher Glaube gehören untrennbar zusammen. Das gilt auch für die Menschen untereinander. Niemand soll darunter leiden, dass er seine Schuld für alle Zeit tragen muss. Niemand soll darunter leiden, dass er anderen ihre Schuld nachträgt. „Wie oft soll ich meinem Bruder vergeben, wenn er an mir gesündigt hat? Reicht siebenmal?" fragt Petrus seinen Herrn. Und Jesus antwortet: „Nicht siebenmal, sondern siebzig mal siebenmal" (Matthäus 18,21–22). Was ungefähr so viel heißt wie immer.

Heilung

Jesus, so wird berichtet, heilte viele Menschen, die mit seelischen oder körperlichen Krankheiten zu ihm kamen. Im christlichen Glauben geht es um Heil und Heilung. Ich darf darauf hoffen, heil zu werden an Seele, Geist und Körper. Ich darf darauf hoffen, von unnötigen Bindungen und Lasten, von Schuld und quälenden Sorgen frei zu werden. Ich darf lachen und tanzen und mich meines Lebens freuen.

Doch auch gegen meine Heilung kann ich mich wehren. Denn jede Heilung, jede Gesundung bedeutet Veränderung. Und jede Veränderung ist mit den Schmerzen verbunden, einen Teil meines Lebens loslassen zu müssen. Mein altes Leben kenne ich gut. Darin bin ich zu Hause, auch wenn ich oft unglücklich und niedergedrückt bin. Doch was erwartet mich, wenn ich Veränderung und Heilung zulasse? Will ich überhaupt gesund und lebendig werden? Will ich die Verantwortung für mein Leben übernehmen oder sie weiter auf meine schwere Kindheit, meine lieblosen Mitmenschen oder die schwierigen Umstände schieben?

In ihrem Buch *Jesus als Psychotherapeut* (Stuttgart 1990) beschäftigt sich die Theologin und Tiefenpsychologin Hanna Wolff mit der biblischen Geschichte des Gelähmten, der seit 38 Jahren am Teich von Bethesda lag und in all den Jahren keine Rettung erfuhr, obwohl dort häufiger von wunderbaren Heilungen berichtet wurde (Johannes 5,1–18). Als Jesus ihm begegnete, fragte er den Kranken: „Willst du gesund werden?"

Was für eine Frage! Natürlich will er geheilt werden, oder etwa nicht? Hanna Wolff: „Gefragt, ob er gesund werden will, antwortet er keineswegs: Aber natürlich, gewiss doch! Vielmehr beginnt er einen Leidensbericht, der wesentlich eine Anklage gegen ‚die anderen' ist. Sie lassen mich ja nicht!" (ebd. S. 29). Und weiter: „Jesu Anspruch an den Wandlungswillen des Menschen: ‚Willst du gesund werden?' erfordert ein eindeutiges Ja! als Antwort" (ebd. S. 31).

Ob ich dazu bereit bin? Ob ich Heilung auch um den Preis der Veränderung will? Ob ich ein eindeutiges Ja auf die Frage antworten würde: „Willst du von deinen Verletzungen, deiner Enge und deinen Lasten befreit werden?" Ich denke an andere Worte Jesu, die mir bequemer und angenehmer erscheinen, zum Beispiel: „Kommt alle zu mir, die ihr mühselig und beladen seid. Ich will euch erquicken" (Matthäus 11,28). Da muss ich mich nur noch hinsetzen und auf die göttliche Erquickung warten! Ich weiß, ich weiß, es gibt schwere Zeiten, da fehlt mir jede Kraft, auch die Kraft zur Veränderung. Da darf ich mich trösten und erquicken lassen. Aber doch nicht, damit ich hinterher mühselig und beladen bleibe und mich auf die nächste Erquickung freue! Das wäre nichts anderes als ein bequemer „Kuschelglaube", der sich selbst überhaupt nichts zumuten mag.

Wenn ich mich an bestimmte Probleme in meinem Leben nicht herantraue oder bestimmte Herausforderungen nicht annehme, stelle ich mir gern die folgenden Fragen: Bin ich bereit, heil zu werden? Bin ich bereit zu wachsen? Bin ich bereit, mich und mein Leben zu verändern? Bin ich bereit, mit einer neuen Landkarte zu leben?

Anregungen zum Nachdenken und zum Gespräch:

1. Können Sie von Erfahrungen berichten, wie Ihre innere Landkarte durch einen wichtigen „Glaubensschritt" verändert wurde?
2. Gegen welche „Glaubensschritte" wehren Sie sich schon seit längerer Zeit heftig?
3. Bedeutet für Sie Glaube eher Erquickung oder Herausforderung zum Wachsen?
4. Wie sieht es mit Ihrem Selbstwertgefühl aus?
5. Hat Vergebung Ihrer Meinung nach auch für Christen irgendwo ihre Grenzen? Warum?
6. Auf welchem Gebiet wünschen Sie sich Heilung?

Teil 2
Der spirituelle Kompass

1
Ich bin der Weg

Im Johannesevangelium wird der besondere Anspruch Jesu überliefert: „Ich bin der Weg und die Wahrheit und das Leben“ (14,6). Dieser Satz hat mich bei der Arbeit am Thema „Veränderung“ neu und sehr intensiv angesprochen. Denn alle drei Begriffe, Weg, Wahrheit und Leben, haben etwas mit Veränderung zu tun, mit dem „Wind of Change“, dem „Wind der Veränderung“. Diese drei werde ich im Folgenden näher betrachten.

Die Worte „Weg“ und davon abgeleitet „Bewegung“ und „bewegt“ gelten fast als Synonyme für „Veränderung“. Das Gegenteil davon wäre Stillstand oder Unbeweglichkeit. Jesus war mit seinen Jüngern „unterwegs“. Sie machten sich immer wieder auf den Weg.

Sie machten sich auf den Weg? Einfach auf den Weg? Geht das denn? Ich denke an mein Häuschen oder an meine Wohnung, an meinen Job, an diverse Zahlungsverpflichtungen, ausstehende Reparaturen, unaufschiebbare Termine und wichtige Pflichten. Und weiter denke ich an unser Auto, das sich bei jeder größeren Urlaubsreise als „viel zu klein“ für das viele unverzichtbare Gepäck herausstellt.

Jesus, so wird berichtet, hatte keinen festen Wohnsitz und war nirgends angestellt. Er schlief mal hier und mal dort. Einmal sagte er über seine Situation: „Die Füchse haben Gruben. Die Vögel haben Nester. Aber der Menschensohn hat nichts, wo er sein Haupt hinlegen kann“ (Matthäusevangelium 8,20). Heute würden wir ihn vielleicht abwertend als Obdachlosen oder bewundernd als Lebenskünstler bezeichnen. Nun musste er normalerweise sicherlich nicht auf der Straße schlafen, da er oft bei Freunden oder Gönnern einen Platz zum Schlafen fand. Aber er belastete sich nicht mit Bausparverträgen, Heizkostenabrechnungen, Finanzierungsmodellen und Sicherheitsfragen.

Meine Güte, ist das etwa die Botschaft Jesu, dass ich ohne festen Wohnsitz und ohne jede Absicherung in die Welt ziehen soll? Nun, ich glaube nicht, dass dies meine persönliche Lebensaufgabe ist. Aber

Simplify your life

Eines der erfolgreichsten Bücher der letzten Jahre ist der Titel von Werner Tiki Küstenmacher: *Simplify your life* (Frankfurt am Main 2002). Das eigene Leben zu vereinfachen, das ist wohl eine grundsätzliche Sehnsucht der Menschen, besonders dann, wenn ihr Leben vor lauter unnötigen Aufgaben und Lasten unüberschaubar geworden ist.

eine Frage stellt sich mir mit großer Deutlichkeit, obwohl ich sie am liebsten gleich wieder verdrängen würde: Was hindert mich daran, konsequent meinen persönlichen Weg zu gehen? Was hält mich davon ab, mich auf den Weg der Veränderung zu machen? Bin ich vielleicht längst zum Sklaven meines Hauses, meines Besitzes oder meines guten Rufes geworden? Arbeite ich zu viel, weil ich zu hohe Zahlungsverpflichtungen eingegangen bin oder weil ich immer noch mehr haben will? Bin ich überhaupt noch frei, dem Ruf meiner Seele zu folgen?

Ohne großes Gepäck

Jesus und seine Jünger hatten auf ihrem Weg kein großes Gepäck dabei. Das schenkte ihnen eine ungeheure Freiheit. Ich selbst stelle fest, dass mein Gepäck oft das größte Hindernis ist, mich auf den Weg zu machen. Und das gilt nicht nur für meine Urlaubsreisen. Das gilt für mein Leben insgesamt.

Ich denke an diverse Schränke, die voll gestopft sind mit Kleidung, die ich schon lange nicht mehr trage. Ich denke an Bücher und Informationen, Konzepte und unbeantwortete Briefe, die mich an meinen Schreibtisch oder meinen Sessel binden. Ich denke an Waffeleisen und Bohrmaschinen, Kabeltrommeln und Ersatzbetten, die sich im Keller stapeln. Ich denke an Verletzungen und Streitigkeiten, die ich nicht loslassen oder vergessen kann, und an meine verschiedenen Abhängigkeiten, von denen ich mich nicht trennen kann.

Voll bepackt auf dem Weg

Zu Hause stapelte sich
mein kostbarster Besitz.
Berge von Sorgen füllten die
Regale.
Meine Ängste fanden sich in allen
Ritzen.
Vorurteile lauerten gleich hinter
der Tür.
Und ich stand stolz in jeder
Vitrine.
Als ich mich auf den Weg machte,
wollte ich auf meinen Besitz nicht
verzichten.
Voll bepackt trat ich die
Wanderung an.
Aber schon bald musste ich
Ballast ablegen.
Jedes Stück, das auf dem Weg
zurückblieb,
war mir ans Herz gewachsen.
Es tat weh.
Doch die Lasten wurden leichter
und mit jedem Schritt
wurde ich freier.

Zu viel Gepäck belastet. Ich bin nicht frei. Ja, ich komme vor lauter Druck und Lasten nicht dazu, meinen Weg weiterzugehen.

Was hindert mich?

Was hindert mich daran, meinen Weg zu gehen? Mir ist deutlich, wie sehr mich mein gesammeltes Lebensgepäck belasten und mir die Kraft und Begeisterung nehmen kann. Was hindert mich noch daran, meinen Weg zu gehen? Mir fallen einige wichtige Punkte ein:

Ich sperre mich immer noch dagegen, erwachsen zu werden und die volle Verantwortung für mein Leben zu übernehmen (Abschied von der Kindheit).
Ich kann mich nicht von der Vergangenheit lösen und blicke immer wieder im Zorn zurück oder aber schwärme von der guten alten Zeit (Abschied von der Vergangenheit).
Ich übernehme ständig zu viele Aufgaben und Pflichten, weil ich nicht Nein sagen kann oder mich für unentbehrlich halte. So bleibt mir für meinen eigenen Weg keine Zeit mehr (Nicht die anderen bestimmen lassen).

Abschied von der Kindheit

„Mama, wo ist meine Jacke?“ An diese Frage unseres Sohnes mussten wir uns wohl oder übel gewöhnen. Sicher entgegnete meine Frau ab und zu: „Wo hast du sie denn hingelegt?“ Aber meistens hatte sie die Jacke bereits erspäht und ihn auf die richtige Fährte gesetzt. Nun, Kinder dürfen solche Fragen noch stellen. Sie lernen erst nach und nach, für sich und ihren Besitz verantwortlich zu sein. Wie gut, wenn ihre Eltern sie auf ihrem Weg in die Selbständigkeit unterstützen!

Und wann ist die Kindheit beendet? Wann ist ein Junge ein Mann und ein Mädchen eine Frau? Wann bin ich erwachsen? Mit 18 Jahren? Wenn ich die Schule absolviert habe? Wenn ich mein eigenes Geld verdiene? Vielleicht ist dies eine zutreffende Antwort: Erwachsen bin ich, wenn ich meine Mutter nicht länger frage, wo meine Jacke ist. Oder allgemeiner ausgedrückt: wenn ich die Verantwortung für mein Leben selbst übernommen habe. Erwachsen bin ich, wenn ich aufhöre, die Schuld für mein Versagen oder meine unausstehliche Laune auf meine schwere Kindheit zu schieben, auf die unfreundlichen Kollegen am Arbeitsplatz oder auf die schlechte Konjunktur. Erwachsen bin ich, wenn ich mich selbst für meine Erfolge und für meine Misserfolge zuständig fühle. Erwachsen bin ich, wenn ich akzeptiere, dass nur ich allein für mein Glück verantwortlich bin.

Doch da kommt mir schnell eine unangenehme Frage hoch: Ob ich dann jemals erwachsen werde? Und lebe ich überhaupt in einer erwachsenen Gesellschaft oder einer Gesellschaft von Erwachsenen? Mir fällt ein Buch des amerikanischen Autors Robert Bly ein, mit dem provozierenden Titel: *Die kindliche Gesellschaft. Über die Weigerung, erwachsen zu werden* (München 1997).

In der Bibel wird berichtet, dass ein Mann überlegte, sich Jesus und seinen Jüngern anzuschließen und sich mit ihnen auf den Weg zu machen. Doch vorher stellte er eine Frage: „Herr, erlaube mir, dass ich erst meinen Vater beerdige“ (Matthäus 8,21). Die Antwort Jesu erscheint auf den ersten Blick schroff und lieblos: „Folge mir und lass die

Toten ihre Toten begraben!“ (Matthäus 8,22). Warum so hart? Nicht mal zur Beerdigung darf der arme Kerl noch gehen? Wird auf solche Weise nicht ein Fanatismus erzeugt, der alle sozialen Bindungen ignoriert? Ist so eine Forderung nicht typisch für Sektenführer und gnadenlose Fundamentalisten?

Ich glaube, die Antwort Jesu war aus einem anderen Grund so hart: Die meisten Menschen damals und heute waren und sind Weltmeister darin, Ausreden zu finden. Sie finden eine Ausrede nach der anderen, warum sie sich auf keinen Fall auf den Weg machen können: Schließlich habe ich meine Verpflichtungen! Ich bin gerade dabei, mein Haus umzubauen! Ich habe doch erst vor wenigen Wochen eine Fortbildung begonnen! Und außerdem – wie soll ich das meinen Bekannten und Freunden erklären?

Ausreden, so habe ich manchmal den Eindruck, sind die heimliche Leidenschaft der meisten Menschen: Ich kann doch in meinem Alter oder in meiner Situation nicht noch einmal von vorn beginnen! Ich kann doch meine Eltern nicht enttäuschen, die so viel in meine Ausbildung oder in mein Ladengeschäft oder in mein Reihenhaus investiert haben! Ich kann doch nicht einfach alles auf den Kopf stellen!

Ausreden sind eine Leidenschaft vieler Zeitgenossen. Ihre auch? Und die meisten Ausreden werden deshalb gebraucht, weil jemand nicht erwachsen werden will: Was werden meine Eltern dazu sagen? Wie werden die Nachbarn reagieren?

Und so mancher Mensch stellt fest, dass er oft noch das verstörte Kind von damals ist, das von seinen Eltern und Mitmenschen geliebt werden will und deshalb bereit ist, es ihnen allen recht zu machen – nur sich selbst nicht.

Der Jünger Jesu in spe, der gern erst noch seinen Vater beerdigen wollte, konnte sich nicht von seinen Eltern lösen, davon bin ich fest überzeugt. Ich habe sogar den Verdacht, dass der Vater noch lebte und das Zepter zu Hause fest in der Hand hielt. Und solange er lebte, konnte und wollte er als braver Sohn ihn nicht enttäuschen oder sich mit ihm erzürnen. Aber später, irgendwann, würde er einen neuen Weg gehen, den Weg Jesu, den Weg der Liebe und des Glaubens. Irgendwann, oder vielleicht doch niemals?

Abschied von der Vergangenheit

Schon am Anfang der Bibel im ersten Teil des Alten Testaments findet sich die Geschichte mit dem drastischen Bild der Salzsäule. Sie ist für mich längst zum Sinnbild geworden für alle, die die Vergangenheit nicht loslassen können und nicht bereit oder in der Lage sind, sich für etwas Neues zu öffnen. Hier die Geschichte in wenigen Worten:

Kurz bevor die Städte Sodom und Gomorra in einem Feuer- und Schwefelregen untergingen, kamen Engel Gottes, um Lot und seine Familie rechtzeitig aus Sodom zu führen und zu retten. Sie drängten zur Eile, denn der Untergang der Stadt stand direkt bevor. Erst im letzten Augenblick war die Familie dazu bereit und ließ sich von dem Engel hinausführen. Hinter ihnen brannte es bereits. „Rette dein Leben und schau nicht zurück!“ rief einer der Engel. Doch Lots Frau drehte sich um und erstarrte zur Salzsäule.
(vgl. Genesis/1. Mose 19,1–26)

Was für eine schreckliche Geschichte! Und sie wiederholt sich immer wieder! Unzählige Menschen sind in der Vergangenheit gefangen. Sie sind nicht frei für das Neue, weil das Alte in ihrem Leben übermächtig ist und alles andere bestimmt. Sie sind schon zu Lebzeiten ihr eigenes Denkmal, starr und unbeweglich.

Mit solchen Menschen kann sich niemand auf den Weg machen. Mit solchen Menschen lässt sich nichts bewegen. Mit solchen Menschen geht es nur zurück, nicht vorwärts. Das gilt für jede Familie, für jede Organisation oder Firma, für die Kirche und den Staat. Und das galt selbstverständlich auch für Jesus und seine besondere Aufgabe.

Ein zweiter „Kandidat“, der ernsthaft überlegte, sich Jesus anzuschließen, stellte eine ähnliche Frage wie der erste: „Erlaube mir, dass ich mich erst einmal von meiner Familie verabschiede!“ Jesus antwortete ihm: „Wer seine Hand an den Pflug legt und zurückschaut, ist für das Reich Gottes nicht geeignet" (Lukas 9,61–62). Dabei ging es Jesus gewiss nicht um eine letzte Umarmung und ein paar Hinweise an die Familie für die Zeit seiner Abwesenheit. Jesus wusste nur zu genau, dass den meisten Menschen der Abschied von ihrer eigenen Vergangenheit niemals gelingt. Niemand kann die Gegenwart gestalten, wenn er weiterhin hauptsächlich in der Vergangenheit lebt.

Nicht die anderen bestimmen lassen

Wer bestimmt eigentlich, was ich tue und welchen Weg ich gehe? Ich oder meine Mitmenschen? Verfüge ich selbst über meine Zeit, oder lasse ich andere darüber entscheiden? Wer bestimmt, was ich glaube? Richte ich mich nach Trends und Meinungsumfragen, nach meinem Lieblingssender oder meinen Freunden? Wer bestimmt, wie ich mich kleide und wie ich meine Freizeit verbringe, wofür ich mich einsetze und was ich für besonders wichtig halte?

Das Leben Jesu ist mir ein Beispiel für ein Leben geworden, das nicht fremdbestimmt ist. Im Neuen Testament wird davon berichtet, dass er Kranke heilte. Etliche Menschen bezeugten öffentlich, dass sie durch ihn wieder gesund geworden waren. Das sprach sich natürlich herum. Und bald wurde der Andrang von Kranken, Verzweifelten, Suchenden und Neugierigen immer größer. Jeder von ihnen hatte ein dringendes Anliegen. Jeder wollte etwas von Jesus.

Der wandte sich diesen Menschen liebevoll zu. Er legte ihnen die Hände auf, machte ihnen Mut, betete für sie und heilte sie. Er war für sie da. Doch es wurden nicht weniger, sondern immer noch mehr. Für jeden, der geheilt, getröstet oder ermutigt wurde, kamen Neue. Sie drängten näher. Sie ließen sich auch von den Absperrungen der Jünger nicht aufhalten. Und viele wurden ungeduldig.

Jesus hatte sich wieder einmal seit Stunden keine Pause gegönnt. Er wirkte bereits etwas müde und erschöpft. Vielleicht versuchte gerade einer seiner Jünger, ihn aufzumuntern: „Halt durch! Die Leute brauchen dich! Du kannst jetzt nicht schlapp machen! Einige sind schließlich schon seit Tagen unterwegs, nur um dich zu sehen. Halt durch!"

Doch Jesus blieb souverän. Er ließ sich weder von Menschen noch von irgendwelchen Umständen unter Druck setzen. Er wusste selbst genau, wann es Zeit war zu gehen. Und so kam es zu seinem Abgang: „Er aber verließ sie, ging in die Wüste und betete" (Lukas 5,16).

Ich fühle mich ertappt. Denn oft weiß ich nicht, was ich wirklich will und wohin mein persönlicher Weg geht. Oft weiß ich nur, was ich „muss": Ich muss noch diese Sache besorgen und jenen Besuch machen. Ich muss mich noch hier bedanken und dort einen Brief beantworten. Ich muss hier dabei sein und dort Informationen sammeln. Ich muss, ich muss, weil andere es von mir erwarten, weil alle es so tun, weil mir keine andere Wahl bleibt. Ich muss. Für meinen Weg, das wird doch sicherlich jeder verstehen, bleibt da keine Zeit mehr.

Vielleicht sollte ich wieder lernen, deutlich Ja zu sagen, wenn mir etwas wichtig ist. Und Nein zu sagen, wenn es mir zu viel wird oder wenn mich etwas von meinem Weg abbringen würde. Ja und Nein, im richtigen Augenblick, nur so werde ich meinen Weg gehen können und nur so wird der „Wind der Veränderung" mein Leben bereichern. Ja und Nein statt „Mal sehen" oder „Vielleicht" oder „Das geht nicht".

Ich denke daran, wie gern ich mich begeistern lasse von Menschen, die ihren persönlichen Weg fröhlich und konsequent gehen. Sie sind allemal interessanter als jene, die andere für sich entscheiden lassen, die sich von den Umständen treiben lassen oder das „Abenteuer Leben" nur aus dem Fernsehen kennen.

Ein besonders eindrucksvolles Beispiel für einen solchen Menschen habe ich vor Jahren aus Amerika mitgebracht:

Marathon der Hoffnung

Bis zum Alter von 18 Jahren war er ein Junge wie jeder andere: Er hatte seinen Freundeskreis, spielte begeistert Basketball und hatte große Zukunftspläne.
Dann machen die Ärzte eine schreckliche Entdeckung: Die Schmerzen in seinem rechten Knie haben keine harmlose Ursache: Terrence Stanley Fox hat Krebs. Sein rechtes Bein muss amputiert werden. In der Nacht vor der Operation hat Terry einen Traum, von dem er später noch oft erzählen wird. Er hat den Traum, mit einem Bein quer durch sein Heimatland Kanada zu laufen. Tausende von Kilometern.
Sechs Wochen nach der Operation ist er bereits wieder auf, eine langwierige Behandlung beginnt. Terry treibt bald wieder vorsichtig Sport, mit einer Beinprothese. Und jeden Tag quält ihn die furchtbare Frage: „Ist der Krebs durch die Amputation gestoppt?"
Nach 16 Monaten, in denen er unglaubliches Leid und viele Tragödien Krebskranker miterlebt hat, wird er als „geheilt" entlassen. Fast zwei Jahre nach seiner Operation beginnt Terry zu trainieren, damit sein Traum Wirklichkeit werden kann: der Lauf quer durch Kanada. Am ersten Tag schafft er nicht mal einen Kilometer, nach acht Monaten Training sind es bereits über zwanzig. Insgesamt läuft er 5000 Kilometer, um sich auf den „Marathon der Hoffnung" vorzubereiten; er stemmt Gewichte und experimentiert mit verschiedenen Beinprothesen.
Terry schreibt einen Brief an die „Kanadische Krebsgesellschaft" und kündigt seinen Lauf an. Er möchte damit Menschen motivieren, Geld zu spenden für die Krebsforschung. Er möchte den vielen Krebskranken Mut machen. „Irgendwann muss das Leid doch einmal ein Ende haben!", schreibt er am Ende seines Briefes.
An einem Samstag ist es soweit! An der Ostküste von Kanada taucht Terry Fox seine Prothese in den Atlantischen Ozean. Sein „Marathon der Hoffnung" kann beginnen. 8500 Kilometer bis Vancouver im Westen des Konti-

nents liegen vor ihm. „Ich will zeigen, dass es auch so geht“, sagt Terry. „Ich will anderen Menschen Mut machen und Hoffnung geben.“ Zwei Freunde begleiten ihn mit einem Lieferwagen, der nachts als Schlafquartier dient. Schnee, Sturm und Kälte setzen ihm hart zu, sein Beinstumpf schmerzt bei dieser Beanspruchung unvorstellbar, und trotzdem schafft Terry an den meisten Tagen 40 bis 50 Kilometer.
Das Interesse am „Marathon der Hoffnung“ wächst. In den Ortschaften erwarten ihn die Menschen, applaudieren und feuern ihn an; Zeitungen und Fernsehstationen werden auf ihn aufmerksam; in Toronto bereiten ihm, drei Monate später, zigtausende Menschen einen begeisterten Empfang.
Inzwischen ist es unbeschreiblich heiß für diesen Lauf, jeden Tag über 30 Grad! Aber Terry gönnt sich keine Pause, auch nicht an seinem Geburtstag. Sechs Wochen später wird Terry von einem starken Husten gepackt. Die Diagnose des Arztes ist niederschmetternd: „Keine Erkältung, sondern Krebs! Beide Lungen!“ Sein Marathonlauf ist endgültig beendet, nach fast 5500 Kilometern. Ganz Kanada ist entsetzt. Es gibt nur noch ein Gesprächsthema: Terry Fox und sein „Marathon der Hoffnung“. Terry Fox – Fernsehsendungen rufen zu Spenden auf. In allen Teilen des Landes wird Geld gesammelt. 24 Millionen Dollar kommen schließlich zusammen für den Kampf gegen den Krebs.
Die Ärzte können Terry nicht mehr helfen. Zehn Monate später stirbt er. Die Beerdigung wird ein nationales Ereignis. Kanada hat seinen Nationalhelden: Ein junger Mann voller Idealismus lehrt eine Nation das Hoffen. Er selbst gab keinen Augenblick die Hoffnung auf und machte unzähligen Menschen Mut. Terrys Marathonlauf ist beendet. Vielleicht geht der „Marathon der Hoffnung“ weiter.

Anregungen zum Nachdenken und zum Gespräch:

1. Können Sie kurz formulieren, was Sie für Ihren persönlichen Weg halten?
2. Wodurch lassen Sie sich von ihrem Weg abbringen?
3. In welchen Bereichen können Sie sich nicht von der Vergangenheit lösen?
4. Können Sie im richtigen Augenblick Nein sagen? Warum?
5. Was fasziniert Sie besonders an Terry Fox und seinem „Marathon der Hoffnung“?

2
Ich bin die Wahrheit

Solange ich mich selbst belüge, werde ich keinen Grund sehen, den Weg der Veränderung zu gehen. Je mehr ich mich dagegen der Wahrheit verpflichtet weiß, umso eher sind positive Veränderungen in meinem Leben nicht nur möglich, sondern nach und nach völlig selbstverständlich.

Was ist Wahrheit? Nun, es soll hier nicht um irgendeine philosophische Wahrheit gehen, nicht um einen Streit zwischen den Weltanschauungen und Religionen, nicht um allgemeine politische und ethische Fragen. Darum ist es auch Jesus nie gegangen. Es geht vielmehr konkret um die Wahrheit in meinem Leben: Bin ich ehrlich zu mir selbst oder mache ich mir ständig etwas vor? Akzeptiere ich meine Gefühle oder leugne ich sie? Sage ich, was ich glaube und denke oder drücke ich mich darum herum? Ist mein Leben Wahrheit oder Lüge oder, was wahrscheinlich ist, beides?

Was steht für mich an Nummer Eins?

Wenn ich die Wahrheit in meinem Leben suche, werde ich mir vielleicht die folgenden Fragen stellen: „Was treibt mich an? Was ist für mich wichtiger als alles andere? Was beherrscht mich? Für wen oder was lebe ich?“ Die meisten Menschen können oder wollen darauf keine ehrliche Antwort geben und leben stattdessen weiter mit ihren Lebenslügen.

Ein junger Mann, so heißt es in der Bibel, kam zu Jesus und fragte ihn: „Herr, sag mir doch, was kann ich Gutes tun, um das ewige Leben zu haben?“ (Matthäus 19,16–22). Er spürte wahrscheinlich, dass in seinem Leben noch etwas Wichtiges fehlte, vielleicht das Wichtigste. Und er machte seine Bereitschaft deutlich, an sich zu arbeiten und sich zu ändern. Jesus hatte wohl schnell erkannt, wo das eigentliche Problem dieses Mannes lag: Sein Wohlstand, sein Reichtum waren ihm wichtiger als alles andere. So sagte Jesus zu ihm: „Wenn du einen Schatz im Himmel haben willst, dann verschenke alles, was du hast, an die

Armen. Und dann komm und folge mir nach!" Da wurde der junge Mann sehr traurig, so heißt es in dem biblischen Bericht weiter, denn er war sehr reich.

Jesus wirft niemandem seinen Reichtum vor. Er macht nur schonungslos deutlich, dass ein Mensch nicht zwei Herren dienen kann. Er kann nicht alles auf seinen Glauben oder auf die Liebe setzen und gleichzeitig auf das Geld. Geld wird dann gefährlich, wenn ich mich über das Geld und den Besitz definiere. Und noch gefährlicher wird es, wenn ich mich über den Stellenwert des Geldes in meinem Leben selbst belüge.

Ein anderes Mal, so wird im Lukasevangelium (12,16–21) berichtet, erzählt Jesus die Geschichte vom reichen Kornbauern. Ich habe den Text einmal verfremdet und daraus eine Zeitungsreportage gemacht:

Jakobus Ochel

Kennen Sie Jakobus Ochel? Unser Reporter führte folgendes Gespräch mit ihm:
„Herr Ochel, können Sie unseren Lesern etwas über Ihr Leben erzählen?“
„Das tue ich gern. Ich bin im ganzen Ort mit Sicherheit der größte und erfolgreichste Landwirt. Die Menschen hier in der Umgebung achten und bewundern mich. Darauf bin ich schon etwas stolz, das muss ich gestehen. Ich arbeite viel und hart, von morgens bis abends.“
„Können Sie sagen, dass Sie zufrieden sind mit dem, was Sie erreicht haben?“
„Na ja, meine Felder sind gut in Schuss, alle Steine sind entfernt. Mein Haus ist frisch renoviert und erweitert. Und ich habe gutes Personal, das ich laufend fortbilden lasse. Aber wer ist schon zufrieden im Leben! Manches könnte sicher noch besser sein.“
„Was sind denn ihre nächsten Ziele?“
„In diesem Jahr erwarte ich eine absolute Rekordernte. Dafür muss ich dringend größere Scheunen bauen. Schließlich soll das Korn trocken und sicher gelagert werden. Und da es immer auch Neider und Diebe gibt, wenn jemand Erfolg hat, werde ich eine hohe Mauer um meinen Hof ziehen lassen. Ja, und dann würde ich meinen Wohlstand gern irgendwann genießen. Vielleicht mache ich mal eine Fahrt mit der Familie nach Ägypten. Und ich habe vor, endlich ein neues Badezimmer mit farbigen Kacheln in meinem Haus einbauen zu lassen.“
„Herr Ochel, würden Sie sagen, dass Sie ein glücklicher Mensch sind?“
„Aber sicher bin ich glücklich. Und warten Sie erst mal ab, noch ein oder zwei Jahre, dann habe ich alles erreicht, was möglich ist.“
Anschließend befragte der Zeitungsjournalist auch noch eine Nachbarin:
„Entschuldigung, können Sie uns wohl etwas über Herrn Ochel sagen?“
„Oh, das ist ein fleißiger Mann! Wissen Sie, der arbeitet von morgens früh

bis spät in die Nacht, jeden Tag! Sein Hof ist eine Pracht. Ich würde mich freuen, wenn sich mein Mann an ihm ein Vorbild nehmen würde. Dann würde es uns bestimmt besser gehen."

„Halten Sie es denn für richtig, nur für den Hof und den Wohlstand zu leben?"

„Das ist mit Sicherheit besser als klug zu reden und in der Sonne zu liegen. Schauen Sie sich den Hof doch mal an! Seine Frau trägt stets die vornehmsten Kleider, und sie fährt die teuerste Kutsche im ganzen Umkreis. Dafür lebt man doch schließlich, dass man sich etwas leisten kann."

„Danke für dieses Gespräch."

Nur drei Tage nach diesen beiden Interviews erschien folgende Anzeige in der Zeitung:

Nach einem erfüllten Leben,
das nur aus Arbeit bestand,
starb heute Jakobus Ochel
im Alter von 44 Jahren.
Wir können seinen frühen Tod nicht fassen.
Wie konnte Gott das zulassen?

Der reiche Jüngling, der reiche Kornbauer – ob sie der Wahrheit ins Gesicht sahen, dass der Reichtum ihnen wichtiger war als alles andere? Wohl kaum! Und sie stehen damit nicht allein. Denn die meisten Menschen belügen sich und ihre Mitmenschen: „Ich tue das alles nur für meine Familie!“ „Ich könnte auch mit wenig Geld leben.“ „Die Hauptsache ist doch, dass ich glücklich bin!“

Und wer sich selbst belügt, wird wie gesagt auch keinen Grund finden, etwas in seinem Leben zu ändern. Schließlich ist doch alles in bester Ordnung!

Ich frage mich selbst: Was sind denn wohl meine Götter? Was ist mir wichtiger als alles andere? Ist es das Geld oder der Erfolg, das gute Ansehen bei meinen Mitmenschen? Ist es meine „weiße Weste“ oder einfach meine Ruhe? Oder will ich es doch lieber gar nicht wissen?

Wovon bin ich abhängig?

Die zweite Frage, die ich mir auf der Suche nach meiner persönlichen Wahrheit stelle, ist der ersten sehr ähnlich. Es geht darum, wovon ich abhängig bin. Das können eben auch Reichtum oder Erfolg sein.

Abhängig, da denke ich allerdings vor allem an all die „Drogen“, von denen manche Menschen nicht mehr loskommen: Alkohol, Zigaretten, Rauschgift, Glücksspiel, Fernsehen, Computer, Essen, Sex, Applaus und vieles andere.

Unzählige Menschen gelten als abhängig. Doch nur ganz selten ist mir bisher jemand begegnet, der sich ohne Einschränkung dazu bekannt hat. Die meisten leben lieber weiter mit der Droge und ihrer Lebenslüge, als der ungeliebten Wahrheit ins Gesicht zu sehen.

Dabei hat es sich doch längst herumgesprochen, dass Abhängige nur dann von ihrer Sucht befreit werden können, wenn sie sich diese erst einmal offen eingestehen. Nur wer zu seiner Sucht steht, kann geheilt werden. Und alle Selbsthilfegruppen fordern als ersten Schritt das Bekenntnis des Süchtigen: „Ich weiß, dass ich abhängig bin.“

Abhängigkeit findet einen guten Nährboden, wo ein Mensch innerlich leer und unglücklich ist und eine Sehnsucht nach mehr verspürt, Sehnsucht nach Liebe, nach Gemeinschaft, nach Glauben und Vertrauen, nach Anerkennung und Selbstwertgefühl. Und weil er diese Sehnsucht niemals zuließ, musste er an anderer Stelle „suchen".

Ein Leben in Wahrheit hat stets damit zu tun, dass ich mir meine Abhängigkeiten eingestehe und zugleich meine wirklichen, tiefen Sehnsüchte zulasse und nicht länger leugne. Und wenn ich diese Sehnsüchte kenne, werde ich mich gern dem „Wind der Veränderung" überlassen und mich dorthin auf den Weg machen, wo ich hoffe, die Erfüllung meiner Sehnsucht zu finden.

Welches Bild habe ich von mir?

Meine eigene Erfahrung lautet: Es ist manchmal verdammt schwer, mich so zu sehen, wie ich bin. Mit Lebenslügen zu leben, ist deutlich leichter. Doch es ist nicht unbedingt ein Trost, dass die meisten Menschen so sind wie ich und ein gestörtes Selbstbild haben.

Bild Nummer 1: Hier geht es um das gestörte Selbstbild von der „weißen Weste". Unendlich viele Menschen tragen diese demonstrativ vor sich her: Sie haben sich nichts zu Schulden kommen lassen. Sie haben alles richtig gemacht. Schuld sind immer nur die anderen! Dabei ist die „weiße Weste" immer eine Lüge. In Wahrheit ist jede Weste grau oder schwarzweiß.

Sicher haben Sie sich auch schon gefragt, warum die Gerichte so überlastet sind. Haben Sie eine Antwort darauf? Wohl auch deshalb, weil so viele „weiße Westen" herumlaufen. Und warum gibt es so viele Streitigkeiten? Weil die meisten Menschen davon überzeugt sind, im Recht zu sein.

Ich habe mich innerlich oft dagegen gewehrt, dass in der Bibel so häufig von Schuld und Sünde gesprochen wird. Und tatsächlich leiden viele Christen übermäßig unter der Vorstellung, elende Sünder zu sein. Auch die Vergebung der Sünden durch das Sterben Jesu am Kreuz, eine der zentralen christlichen Glaubensaussagen, ist für sie kein wirklicher Trost. Aber wie so oft im

Leben trifft es meistens die Falschen. Denn die Worte, dass wir alle Sünder sind, richten sich vor allem an die „weißen Westen“. Doch die scheinen dagegen seltsam resistent zu sein. Leider lesen die meisten Menschen die Bibel, um sich und ihre Urteile und Vorurteile bestätigt zu finden. Irgendwie scheint ihnen das sogar zu gelingen. Und nur wenige lesen sie als die große Herausforderung zum Leben und zur Veränderung.

Bild Nummer 2: Unter einem gestörten Selbstbild leiden auch all jene, die die Vorstellung haben: „Ich kann nichts und bin einfach zu nichts nutze.“ Das ist genial, denn es ist der fast perfekte Schutz gegen jede Veränderung. Wer nichts kann, kann sich schließlich auch nicht verändern. Wer nichts kann, bleibt für immer klein und hilflos. Wer nichts kann, wird sich über keine Erfolge freuen können. Doch „Ich kann nichts!“ ist eine Lebenslüge. In Wahrheit kann ich weitaus mehr, als ich mir vorstellen kann.

Die Bibel könnte für diese Menschen eine Quelle des positiven Selbstwertgefühls sein. Schließlich wird dort jeder als einzigartiges Geschöpf Gottes bezeichnet. Und jedem wird zugetraut, sich verändern und etwas Besonderes erreichen zu können. Doch wieder suchen die meisten in der Bibel (und woanders auch) nach Bestätigung ihrer Einstellung. Jene lassen sich aufrichten und groß machen, die sich schon lange für etwas Besseres halten. Und die Niedergedrückten finden unter Garantie unzählige Belege dafür, noch bescheidener und hilfloser zu sein. Wieder gilt: Jeder findet das, was er sucht.

Bild Nummer 3: Viele Menschen sind fest davon überzeugt, dass sie einer bestimmten Person nicht verzeihen können, auch wenn seit dem „Sündenfall“ bereits viele Jahre vergangen sind. „Was mir damals angetan wurde, das kann man einfach nicht verzeihen. Niemals!“ Doch das ist nicht die Wahrheit. Denn in Wahrheit hängen sie an ihrer Verletzung, die ihnen damals zugefügt wurde. Sie haben sich an die Rolle des Opfers gewöhnt und nehmen dafür noch eine zweite Last auf sich, lebenslang Schuld nachzutragen.

Und sie tragen wahrlich schwer daran. „Das kann ich niemals verzeihen!“ bedeutet: Ich leide unter einem gestörten Selbstbild. Denn selbstverständlich könnte ich verzeihen, wenn ich es wirklich wollte. Wie sagte es Jesus? „Die Wahrheit wird euch frei machen“ (Johannes 8,32). Oder anders ausgedrückt: Die Wahrheit wird euch zur Veränderung führen.

Die große Lebenslüge

Viele Menschen schleppen schon lange eine Lüge mit sich herum, die ihr Leben überschattet und jede Veränderung blockiert. Der folgende Bericht ist ein eindrucksvolles Beispiel für so eine Lebenslüge:

Das schwere Sterben der Mutter

Vor Jahren, als ich noch Gemeindepfarrer in Hamburg war, erzählte mir Birgit (der Name wurde zum Schutz der Betroffenen geändert), eine unserer ehrenamtlichen Gruppenleiterinnen, dass ihre Mutter schwer krank sei und wohl in wenigen Tagen sterben werde. Birgit war 19 Jahre alt und hatte bereits vor vier Jahren ihren Vater durch eine schwere Krankheit verloren. Sie fragte mich, ob es möglich wäre, dass ich ihre Mutter besuchen würde.

So machte ich mich am nächsten Tag zu ihr auf. Sie war aus dem Krankenhaus als unheilbar entlassen worden und lag zu Hause im Wohnzimmer, wo sie die letzten Tage mit ihrer Tochter in ihrer gewohnten Umgebung verbringen wollte. Ich kannte die Mutter von früheren Besuchen, und schnell führten wir ein intensives Gespräch. Dabei staunte ich, was für einen gefassten, starken Eindruck sie machte. Sie schien sich über den Besuch zu freuen, obwohl sie augenscheinlich schon mit dem Leben abgeschlossen hatte.

Wenige Tage später kam ich wieder. Birgit empfing mich an der Haustür. Sie sah unendlich müde und traurig aus. „Mutti ist schon seit vorgestern nicht mehr bei Bewusstsein." Wir gingen ins Zimmer, in dem die Sterbende lag. „Sie ist völlig verkrampft und hat die ganze letzte Nacht fürchterlich gestöhnt. Es ist, als würde sie etwas Schreckliches belasten. Leider reagiert sie gar nicht mehr, wenn ich sie anspreche."

Wir gingen in die Küche. Dort begrüßte mich eine Frau, die ich nicht kannte. „Ich bin eine alte Freundin von Birgits Mutter. Vor wenigen Tagen haben wir noch miteinander telefoniert. Jetzt habe ich mich spontan in den Zug gesetzt, um sie noch einmal zu sehen. Gerade vor einer halben Stunde bin ich angekommen. Wie es aussieht, ist es wohl zu spät!"

Wir setzten uns erst einmal an den Küchentisch und tranken in Ruhe einen Kaffee. Plötzlich begann die Freundin zu reden, wobei sie Birgit sehr ernst anblickte: „Ich sollte dir jetzt etwas erzählen. Deine Mutter wollte es dir schon vor Jahren selbst sagen, hat sich aber nicht getraut. Du bist nicht die leibliche Tochter deiner Eltern. Sie haben dich adoptiert, als du etwa ein Jahr alt warst."

Totenstille. Nur das Ticken der Küchenuhr war zu hören. Birgit musste ein paar Mal kräftig schlucken. Dann sagte sie: „Trotzdem ist sie meine Mutter. Und das wird sie auch immer bleiben."

Wir überlegten, warum Birgits Mutter so verkrampft war. Ob es die Angst vor dem Sterben war? Birgit schluckte wieder, dann fragte sie: „Ob es etwas damit zu tun hat, dass ich adoptiert wurde?" Die Freundin antwortete: „Vielleicht hat sie es ins Unterbewusstsein verdrängt, und da arbeitet es jetzt noch."

Zwei Stunden später verabschiedeten wir beide uns von Birgit. Ich riet ihr noch beim Gehen: „Setz dich zu deiner Mutter und sag ihr, dass du alles weißt. Mach ihr deutlich, dass du sie trotzdem für immer liebst. Sag es ihr in Ruhe, auch wenn du meinst, dass sie dich nicht hören und verstehen kann."

Am nächsten Morgen rief mich Birgit ganz früh an: „Gerade eben ist Mutti eingeschlafen, ganz friedlich. Ich habe gestern stundenlang an ihrem Bett gesessen und ihr immer wieder gesagt, wie sehr ich sie liebe. Und ich habe von der Adoption gesprochen und davon, dass ich trotzdem für immer ihre Tochter bin und mir keine bessere Mutter vorstellen könnte. Und irgendwann abends fiel mir auf, dass sich ihre verkrampften Gesichtszüge entspannten. Und auch ihr schreckliches Stöhnen hörte auf. Schließlich lag sie ganz friedlich im Bett. Da wusste ich, dass sie bereit war zu sterben."

Selbst die letzte Veränderung in ihrem Leben, das eigene Sterben, war ihr mit dieser Lebenslüge nicht möglich. So eine große Macht übte sie aus.

Ich dachte zurück an mein letztes intensives Gespräch mit der Mutter. Ob sie mir von der Lebenslüge erzählen wollte und ich nicht sensibel genug war, das zu erspüren? Oder ob sie auch da noch die Lüge um jeden Preis aufrechterhalten wollte? Wie dankbar war ich jetzt, dass am Ende doch noch eine Art Heilung möglich geworden war!

In wie vielen Familien und Ehen wurde das Leben noch Jahrzehnte nach dem Zweiten Weltkrieg von dem Schrecklichen überschattet, was niemals ausgesprochen wurde! Und wie viele Menschen nahmen die Schrecken dieser Zeit als Täter oder als Opfer oder als beides stumm mit ins Grab!

Wie viele Menschen betrügen ihren Lebenspartner oder ihre Lebenspartnerin? Wie viele leben mit einem furchtbaren Geheimnis, ohne jemals darüber zu reden?

Und wieder wird mir deutlich, wie lebensnah die Worte Jesu noch heute sind: „Die Wahrheit wird euch frei machen."

Anregungen zum Nachdenken und zum Gespräch:

1. Was steht wohl in Ihrem Leben an Nummer Eins?
2. Unter welchen Abhängigkeiten leiden Sie?
3. Welches Bild von sich selbst pflegen Sie um jeden Preis?
4. Gab oder gibt es in Ihrem Leben eine Lüge, die alles andere überschattet?

3
Ich bin das Leben

Es gibt eine große Sehnsucht, die fast alle Menschen treibt. Es ist die Sehnsucht nach wirklichem, nach intensivem Leben. Sie suchen es an unterschiedlichen Orten und auf unterschiedliche Weise. Da stellt sich doch die Frage, ob dahinter eine Grundbereitschaft zur Veränderung steht. Ich fürchte Nein! Denn die meisten suchen das Leben gerade da, wo sie es niemals finden werden. Sie suchen es außerhalb von sich selbst. Sie suchen es in der Zukunft („Irgendwann werde ich …"), im Reichtum („Wenn ich das besitze, dann lebe ich …"), in Trends oder Stars („Dort ist das Leben!").

Im Christentum wie auch in vielen anderen Religionen gibt es die Vorstellung vom Paradies am Anfang der Zeit. Doch die Menschen, so wird in den alten Schriften überliefert, wurden aus dem Paradies vertrieben. Die meisten Menschen haben auch heute noch ihre eigene Vorstellung vom Paradies und können sich sogar an paradiesische Zustände erinnern: Die Kindheit war für viele so eine Zeit. Sie erfuhren Geborgenheit und sie lebten intensiv. Doch dann, spätestens während der Pubertät, wurden sie aus diesem „Paradies" vertrieben. Nur die Sehnsucht und die Erinnerung bleiben, vielleicht sogar die Erinnerung im Unterbewusstsein an die Wärme und Geborgenheit im Mutterleib.

Was ist denn in der Kindheit so paradiesisch? Ist es nur die Geborgenheit? Oder ist es zugleich auch eine besondere kindliche Gabe? Denn Kinder haben die Gabe, ganz in der Gegenwart zu sein. Kinder leben im Jetzt. Und sie leben dort mit großer Begeisterung und mit allen Sinnen. Jeder Mensch, der eigene Kinder hat oder mit Kindern umgeht, kann davon berichten.

Jesus machte häufig deutlich, so erfahre ich in den Evangelien der Bibel, dass die Kinder einen besonderen Zugang zum Himmelreich haben. Wahrscheinlich ist das auch deshalb so, weil sie einen besonderen Zugang zum Leben haben.

Können die Erwachsenen, die sich auf der Suche nach wirklichem, intensiven Leben befinden, womöglich etwas von den Kindern lernen? Können sie sich von den Kindern zur Veränderung und zum Wachstum anregen lassen, wo sie sich doch so gern für „unverbesserlich" oder für „ausgewachsen" halten?

Hier sind einige wichtige „Kinderlektionen für Erwachsene":

Ganz leben.
Heute leben.
Wirklich leben.
Mittendrin leben.
Begeistert leben.

Ganz leben

Wenn ich „ganz" leben kann, dann muss es wohl auch möglich sein, nur „halb" zu leben. Dann muss es auch ein Leben auf Sparflamme geben. Wer ganz lebt, lebt mit Verstand und Gefühl. Wer ganz lebt, tut das mit Geist, Seele und Körper. Und Mangel an Leben heißt dann: ein wichtiger Teil des Menschen kommt zu kurz.

Als Jesus einmal nach dem Weg zum ewigen Leben gefragt wurde (vgl. Lukas 10,25–28), wies er auf das jüdische Gesetz hin, wie es im Alten Testament überliefert ist. Der Weg zum ewigen Leben, und damit ist gewiss auch schon der Weg zum wirklichen Leben hier in dieser Welt gemeint, ist die Liebe, und zwar eine Liebe mit dem Herz, mit der Seele, mit ganzer Kraft und mit dem Verstand. Niemand kann wirklich lieben und wirklich leben nur mit dem Herz oder nur mit dem Verstand.

In der westlichen oder „christlichen" Welt werden jedoch viele Menschen vom Verstand dominiert. Sie vertrauen mehr auf Zahlen und Fakten als auf Intuition oder Gefühl. Sie sind völlig verkopft. Sie sind innerlich verarmt und auf gewisse Weise verstümmelt.

Veränderung und Wachstum in dieser Situation kann nur heißen: Die Gewichte im Leben eines Menschen werden neu und gleichmäßig verteilt. Sein Körper findet mehr Beachtung und Betätigung. Er lernt, seine Gefühle zuzulassen. Er fragt nicht mehr nur seinen Verstand, sondern auch sein Herz und seine Seele.

Ganz leben heißt ebenfalls, eine Balance zwischen den verschiedenen Lebensbereichen zu finden: Dazu gehören zum Beispiel Arbeit und

Freizeit, Alleinsein und Gemeinschaft, Ernsthaftigkeit und Lachen, Kultur und Spiritualität. Auch da leben die meisten Menschen nur auf Sparflamme: Sie „leben" für ihre Karriere. Sie „leben" für den Partner oder die Partnerin. Sie machen sich unentwegt Sorgen und haben das Leben verlernt. Sie brauchen ständig Menschen um sich und versuchen um jeden Preis, das Alleinsein zu verhindern.

Wenn ich mich auf den Weg der Veränderung und des Wachstums mache, dann auch deshalb, weil ich nicht länger nur halb leben will.

Heute leben

Schon im vorigen Kapitel wurde deutlich, dass eine Fixierung auf die Vergangenheit jedes Weitergehen auf dem Lebensweg und damit auch jede Veränderung unmöglich macht. Wie viele Menschen „leben" in alten Fotoalben und vergoldeten Erinnerungen! Wie viele Menschen lecken sich lustvoll leidend die alten Wunden!

Es ist aber auch möglich, sein Leben ständig in die Zukunft zu schieben. Wie das geht? Ich rede mir ein, dass Leben und damit Veränderung frühestens übermorgen möglich ist:

Wenn ich erst mehr Lust habe,
werde ich den Schreibtisch
aufräumen.
Wenn ich erst genügend Geld
gespart habe, werde ich das Leben
genießen.
Wenn ich erst eine größere
Wohnung habe, werde ich meine
Freunde zu mir einladen.
Wenn mein Arzt es mir sagt,
werde ich mehr für meine
Gesundheit tun.
Wenn ich alt oder krank bin,
werde ich mich mit dem Glauben
beschäftigen.
Wenn erst die Kinder aus dem
Haus sind, geht es richtig los.

Dahinter steht eine einfache und leider auch völlig oberflächliche Lebensauffassung:

Ich kann nur dann Ordnung halten, wenn ich in der richtigen Stimmung bin.
Ich kann das Leben nur genießen, wenn ich viel Geld habe.
Ich kann meine Freunde nur zu mir einladen, wenn ich eine große, schöne Wohnung habe.
Ich brauche erst dann etwas für meine Gesundheit zu tun, wenn ich schon krank bin.
Glaube ist etwas für Kranke und Alte.
Träume lassen sich nur dann erfüllen, wenn es keine Hindernisse mehr auf dem Weg gibt.

Heute leben heißt: Ich konzentriere mich voll auf das Leben, welches mir in diesem Augenblick begegnet. Es gibt jetzt nur mich und diese Blume, nur mich und diesen Menschen, nur mich und diese Arbeit, nur mich und den Geruch von frisch gemähtem Gras, nur mich und diesen Gedanken.

Wirklich leben

Damit ahne ich schon, was es bedeutet, wirklich zu leben – und nicht nur in meinem Kopf. Denn oft spielt sich mein Leben lediglich in meinen Gedanken ab, während ich das wirkliche Leben verpasse.

Morgens auf dem Weg in die Stadt komme ich am Kurpark vorbei. Doch von seiner Schönheit bekomme ich nichts mit. Denn in meinem Kopf ist Stoßverkehr. Ein Gedanke nach dem anderen jagt durch mein Hirn. Ein regelrechtes Gedankenchaos begleitet mich.

Ich weiß nicht genau, wie ich in die Stadt gekommen bin. Jetzt höre ich mir einen interessanten Vortrag an. Aber zwischendurch kommt der Gedankensalat wieder. Ich schweife ab. Ich bin mal hier, mal da, aber nirgends richtig. Wieder versuche ich, dem Vortrag zu folgen. Aber statt nur zu hören, muss ich sofort bewerten und vergleichen, kritisieren und abhaken. Und plötzlich sind meine Gedanken wieder ganz woanders.

Abends erwartet mich ein gemütliches Essen. Doch auch dort bin ich nicht wirklich dabei. Wieder schwirren mir Gedankenketten durch den Kopf. Das schöne Essen!

Jeder kennt das und bedauert es: „Warum bekomme ich von der Wirklichkeit so wenig mit und beschäftige mich stattdessen mit meinem eigenen Programm? Warum zappe ich ununterbrochen hin und her? Warum kann ich mich so schwer auf eine Sache konzentrieren?“

Der amerikanische Psychologe und Bewusstseinsforscher John Selby hat ein Buch darüber geschrieben. In *Was mich stark macht* (München 2003) mahnt er ein persönliches „Mind-Management“ an. Er resümiert: „Ob wir es wollen oder nicht, jeder Mensch auf diesem Planeten besitzt eine sehr geschwätzige innere Stimme, einen ‚inneren Kommentator‘ (oder ist gar davon besessen), der das Bewusstsein fast ständig dominiert. Diese Ego-Funktion des Geistes analysiert, kommentiert und bewertet laufend emsig all die Dinge, denen wir begegnen und die wir erleben“ (ebd. S. 44–45).

Und weiter stellt er fest: Aus vielfältigen Gründen „identifizieren wir Menschen uns so stark mit diesem reflektierenden, wertenden Teil unseres Geistes, dass wir die Gegenwart der Stimme automatisch akzeptieren. Solange unsere Ego-Stimme fleißig wertet, beurteilt und kommentiert, ist es sehr schwer für uns, unserer Umgebung offen und direkt zu begegnen …“ (ebd. S. 45).

Wenn ich dagegen wirklich im Augenblick lebe, bin ich mit allen Sinnen bei dem, was mir gerade begegnet. Ich kann das Achtsamkeit nennen, Aufmerksamkeit oder Gegenwärtigkeit. Ich kann das auch als eine Form von Meditation ansehen: Ich spiele jetzt mit meinen Kindern. Ich denke dabei nicht darüber nach, wie ich auf mögliche Zuschauer wirke. Ich denke nicht daran, wie ich früher mit meinen Kindern gespielt habe. Ich sinniere nicht über ihre beruflichen Zukunftsaussichten. Ich spiele mit ihnen. Ich bewerte nichts. Ich plane nichts. Ich spiele. Ich bin. Mehr nicht! Mehr nicht? Mehr geht nicht. Ich lebe wirklich.

Mittendrin leben

Mittendrin leben, das heißt: Ich nehme aktiv am Leben teil. Ich mache mir die Finger schmutzig. Ich gehe das Wagnis ein, zurückgewiesen zu werden. Ich gebe etwas von meinem „Geheimnis“ preis.

Viele Menschen haben davor Angst. Sie ziehen sich zurück. Sie beobachten lieber alles aus sicherer Distanz. Sie lieben Wintergärten: Da können sie die Welt um sich herum beobachten, ohne in die Welt hinausgehen zu müssen. Sie müssen nicht frieren und werden nicht nass. Sie setzen sich keiner Gefahr aus.

Viele Menschen stehen am liebsten ganz am Rand. Da finden sie immer einen guten Aussichtspunkt. Sie erleben, wie andere sich angeregt unterhalten. Sie quittieren genüsslich, wenn jemand einen Fehler begeht oder sich lächerlich macht. Sie fühlen sich in Sicherheit. Ihnen kann nichts passieren. Sie stehen am Rand und beobachten, statt selbst zu leben.

Viele Menschen lesen begeistert so genannte „People Magazines" (das sind Illustrierte, in denen es vor allem um Stars und Sternchen, Adelige und Personen des öffentlichen Lebens geht) oder sitzen stundenlang vor dem Fernseher. Sie schauen begeistert zu, wenn andere aus ihrem Leben erzählen und sich in schillernden Farben darstellen. Sie lassen sich von Schauspielern fesseln, die ihnen Leben vorspielen. Sie suchen das Leben bei anderen, statt selbst zu leben.

Viele Menschen hören sich gern interessante Erlebnisse an, sind aber nur eingeschränkt bereit, aus ihrem eigenen Leben etwas preiszugeben. Ich erinnere mich an zwei Handelsvertreter, die in derselben Branche Ladengeschäfte besuchten, um ihre Produkte zu verkaufen. Der eine brachte stets etwas Leben mit in die Läden, indem er von sich erzählte, von Liebeskummer und Konflikten mit dem Hauswirt. Die Einkäuferinnen und Einkäufer liebten ihn dafür und fieberten mit ihm. Der andere war zwar stets äußerst korrekt, aber auch unnahbar. Kein persönliches Wort kam über seine Lippen. Er war korrekt, aber langweilig. Sicher wissen Sie schon aus diesen kurzen Andeutungen, wer von beiden der Erfolgreichere war.

Für alle, die am Rand stehen, kann Wachstum und Veränderung nur bedeuten, sich in Richtung Mitte zu bewegen.

Begeistert leben

Die meisten Erwachsenen lassen sich gern von der Spielfreude und Begeisterung kleiner Kinder anstecken. Sie haben wohl eine Ahnung davon, dass dort ein Schatz zu finden ist, der ihr Leben wieder reich machen kann. Es ist derselbe Schatz, den sie vor langer Zeit schon einmal selbst besaßen und dann verloren haben.

Ein Leben, das nur aus Routine und Pflicht, Selbstüberwindung oder Langeweile besteht, ist kein Leben. Es ist eine Quälerei für alle Beteiligten.

Das gilt ebenso für den Glauben. Wenn er nur aus Selbstüberwindung und der Erfüllung von als überholt empfundenen Geboten besteht, ist er sinnlos. Auch der christliche Glaube braucht Begeisterung. Er braucht Gottes guten, lebendigen Geist. Die Jünger Jesu strahlten nach seiner Himmelfahrt erst dann etwas Besonderes aus, als sie be*geist*ert waren.

Ich erinnere mich an ein Interview mit dem Chef eines renommierten, internationalen Hotels. Auf die Frage, welche Qualitäten ihm bei seinen Mitarbeiterinnen und Mitarbeitern am wichtigsten sind, antwortete er nur: „Wer durch diese Tür in mein Hotel kommt, freundlich lächelt und Begeisterung ausstrahlt, kann hier sofort anfangen zu arbeiten.“

Das ist es, was dem Leben und dem Zusammenleben eine besondere Qualität gibt: Begeisterung! Lust am Miteinander! Freude am Sein und am Tun!

Wie es ist, wirklich zu leben, und wie viele Umwege dabei möglich sind, möchte ich am Beispiel des Zöllners Zachäus zeigen. Seine Lebensgeschichte beruht auf dem biblischen Text (vgl. Lukas 19,1–10). Ich habe allerdings meine Fantasie und Menschenkenntnis benutzt und sie deutlich erweitert. Hier ist also die Lebensgeschichte des Zachäus:

Zachäus

Sein Vater hatte sich einen großen, sportlichen Sohn gewünscht. Zachäus war jedoch schon als Kind ziemlich klein, sehr ungelenkig und ein wenig verwachsen. Der Vater ließ ihn seine Enttäuschung immer wieder deutlich spüren.
Die Mutter hatte andere Wünsche: Einen braven, folgsamen Sohn wollte sie haben. Doch Zachäus, der statt Liebe und Anerkennung nur Strenge bekam, flüchtete sich immer häufiger in regelrechte Wut- und Tobsuchtsanfälle. Dann gab es Schläge von seinem Vater, während ihn seine Mutter mit großen, traurigen Augen anblickte, als wollte sie sagen: „Womit habe ich ein solches Kind verdient?“
Schon als Kind bekam er regelmäßig Ärger mit den Nachbarsjungen. Der kleine Zachäus war langsamer und ungeschickter als die anderen und fühlte sich oft zurückgesetzt. Aber er war zäh und hartnäckig. Er legte sich regelmäßig mit den anderen Kindern an, brach häufig einen Streit vom Zaun und ging keiner Prügelei aus dem Weg. Bald mochte niemand mehr mit ihm spielen.
Als Zachäus dreizehn Jahre alt war, verliebte er sich in Sarah, die Nachbarstochter. Sarah bekam schnell mit, dass er sich immer häufiger in ihrer Nähe aufhielt. Das wurde ihr bald über, und eines Tages schrie sie ihn an: „Mit so einem Zwerg wie dir will ich nichts zu tun haben!“
Das Leben von Zachäus änderte sich von diesem Tag an total. Seine Sehnsucht nach Leben, nach Liebe und Anerkennung war so oft enttäuscht worden, dass er von den Menschen nichts mehr erwartete. Er versuchte, seine Sehnsucht anders zu stillen: durch Geld! Er wollte reich werden. Dann, so dachte er, könnte er sich alles kaufen, was das Leben lebenswert macht.
Zachäus begann, als Laufbursche bei einem Zöllner (das ist ein staatlicher Geldeintreiber) zu arbeiten. Zöllner verdienen gutes Geld, sagte er sich. Dort wollte er Karriere machen. Er war zwar nicht beliebt, aber seinen

Arbeitseifer und seinen Fachverstand, den er sich schnell aneignete, mussten bald alle anerkennen. Schließlich wurde Zachäus selbst Zöllner. Er verdiente sehr gut, aber das war ihm immer noch nicht genug.
Der Beruf des Zöllners galt bei den meisten Juden als anstößig. Schließlich arbeiteten die Zöllner mit den verhassten Besatzern, den Römern, zusammen. Und wenn sie zu viel Zoll verlangten, bekamen sie trotzdem ihr Geld, denn sie hatten die Römer und deren Soldaten auf ihrer Seite.
Eines Tages erfuhr Zachäus, dass die Stelle des Oberzöllners in Jericho frei geworden war. Das war seine große Karrierechance! Zwar meldeten sich mehrere Bewerber, aber Zachäus bot den höchsten Geldbetrag, um Oberzöllner zu werden.
Dieser Posten entwickelte sich für ihn zu einer wahren Goldgrube. Er sorgte nicht nur dafür, dass die Abgaben für die Römer hereinkamen und sein Anteil noch dazu, sondern er erhöhte die Abgaben immer weiter. Den Römern war das egal. Hauptsache, sie bekamen ihr Geld! Und Zachäus wurde immer reicher. „Blutsauger" wurde er bald in der ganzen Gegend genannt, oder „Römerfreund" und „Verbrecher". Aber Zachäus scheffelte weiter Geld. Und schon bald ließ er sich ein prächtiges Haus bauen, fast wie der Palast eines Königs.
Zachäus heiratete Sarah, die frühere Nachbarstochter. Er feierte die aufwändigsten Feste der ganzen Stadt und hatte bald viele Freunde, die die Feste mit den reichhaltigen Buffets, den guten Wein und sein Geld liebten. Doch mit der Zeit wurde Zachäus deutlich, dass er auch mit einem aufwändigen Lebensstil seine Sehnsucht nach Leben nicht stillen konnte. Im Gegenteil, sie wuchs! Zugleich stellte er fest, dass er immer isolierter wurde. Seine Frau traf sich mit ihren Freundinnen, die alle zur feinen Gesellschaft gehörten, oder war unterwegs, um Schmuck zu kaufen. In der Stadt konnte Zachäus sich kaum noch blicken lassen. Überall wurde er beschimpft, bedroht oder sogar tätlich angegriffen. So blieb er in seinem Palast. Aber auch dort fühlte er sich bald nicht mehr wohl. Und die Sehnsucht nach Leben wuchs.

Da hörte Zachäus, dass Jesus von Nazaret in die Stadt kommen würde. Er hatte schon viel von diesem Mann gehört, von seinen Predigten, den Heilungen und seiner Liebe zu den Sündern und den Suchenden. Zachäus hatte plötzlich das Gefühl, dass dieser Jesus etwas mit seiner Suche nach Leben zu tun haben könnte. Und er entschloss sich, zu ihm zu gehen.
Doch wie sollte er das anstellen? Er müsste sein sicheres Haus verlassen. Er müsste sich in die Menschenmenge wagen, wo sich mancher gern an ihm rächen würde. Und da er kleiner war als die meisten anderen, müsste er sich überlegen, wie er Jesus auf sich aufmerksam machen könnte.
Doch er machte sich tatsächlich auf den Weg. Er ertrug Beschimpfungen und Rempeleien. Am Ziel stellte er fest, dass schon viele Menschen auf Jesus warteten. Und niemand ließ ihn durch. Da lief er voraus und kletterte auf einen Baum. Dort war er sicher und würde einen wunderbaren Blick auf Jesus und seine Begleiter haben.
Und da kam Jesus tatsächlich! Zachäus blieb fast das Herz stehen, als Jesus zu ihm emporblickte. Er sah nicht den Zöllner, sondern den Menschen Zachäus und seine ganze Sehnsucht nach Leben. Er sah nicht das Kaputte und das Äußerliche, sondern das Herz. Und er rief ihm zu: „Zachäus, komm schnell vom Baum herunter! Ich muss heute in dein Haus kommen!“ Als sie das Haus betraten, war sofort für jeden zu spüren, dass sich hier gerade etwas Wichtiges änderte, hier in diesem Haus, das so viele Enttäuschungen und so viel Verzweiflung erlebt hatte. Es wurde deutlich, dass das ganze Wertgefüge von Zachäus durcheinander geraten war. Geld war für ihn nicht mehr das Wichtigste im Leben. Er versprach fröhlich lächelnd, die Hälfte seines Besitzes an die Armen zu verteilen. Und wo er Menschen betrogen hatte, würde er es ihnen vierfach zurückzahlen.
Zachäus spürte, dass er wirklich von Jesus geliebt wurde und jetzt auch seine Mitmenschen lieben konnte. Es begann ein großes Fest. Sie aßen und tranken und waren fröhlich. Zachäus war am Ziel seiner Sehnsucht angekommen.

Zachäus hatte bisher noch niemals erfahren, was es bedeutet, wirklich ganz zu leben. Er hatte für das Geld gelebt und für den Erfolg, weil er meinte, dort das Leben zu finden. Er hatte in der Zukunft gelebt, weil er dort das Leben erhofft hatte. Er war voller Verletzungen, Wut und Sorgen gewesen, statt wirklich zu leben. Er hatte innerlich abgetrennt von seinen Mitmenschen und von der Umwelt gelebt und nicht mittendrin. Und er hatte nicht gewusst, was es heißt, begeistert zu sein, außer vielleicht zeitweise für seine Karriere. Ein armes Leben. Nicht einmal ein halbes Leben.

Doch dann kam der „Wind der Veränderung" in sein Leben. Oder besser gesagt, da begann sein Leben: ganz, heute, wirklich, mittendrin und begeistert.

Anregungen zum Nachdenken und zum Gespräch:

1. Wie würden Sie einen Menschen beschreiben, der wirklich „ganz“ lebt?
2. In welchen Situationen schieben Sie Ihr Leben in die Zukunft?
3. Wie versuchen Sie zu verhindern, dass in Ihrem Kopf „Gedankensalat“ entsteht?
4. Wo und wann vermeiden Sie es, mitten im Leben zu sein?
5. Wofür können Sie sich begeistern?
6. Welche konkreten Schritte zu mehr Leben nehmen Sie sich vor?

4
Das Liebesgebot

Neulich wurde ich nach einem Vortrag von einer jungen Besucherin gefragt: „Können Sie mir mit einem Wort sagen, worum es im Neuen Testament geht?“ Ich musste nicht lange mit meiner Antwort zögern. Sie ahnen es? Nein, nicht um die Kirche! Nicht um die Sünde! Nicht um die Ewigkeit! Es geht zuerst und vor allem anderen um die Liebe.

Die zurückliegenden Kapitel zeigten Möglichkeiten auf, den „Wind der Veränderung“ zu erfahren. Es ging darum, konsequent den eigenen Weg zu gehen, sich der Wahrheit verpflichtet zu wissen und dabei immer häufiger dem wirklichen Leben zu begegnen. In diesem Kapitel soll es darum gehen, in der Liebe zu wachsen und dabei vom „Wind der Veränderung“ beflügelt zu werden.

Ich habe eben (Teil 2, 3) bereits einmal auf das so genannte Liebesgebot hingewiesen. Es lautet: „Du sollst Gott, deinen Herrn, lieben mit dem Herz, mit der Seele, mit ganzer Kraft und mit dem Verstand, und deinen Nächsten so lieben wie dich selbst“ (Lukas 10,27). Ich bezeichne das gern als „Liebesdreieck“. Denn es geht darum, Gott zu lieben, den Nächsten zu lieben und mich selbst zu lieben. Überhaupt geht es in der Bibel niemals um „einseitige“ Liebe, sondern um eine dreiseitige oder eine vielseitige Liebe. Viele Lebenskrisen rühren daher, so musste ich immer wieder feststellen, dass das Liebesdreieck der betreffenden Menschen defekt ist. Denn wer nur sich selbst im Blick hat, wer nur für einen bestimmten Menschen lebt oder wer über seiner Gottesbeziehung die Welt aus den Augen verliert, ist im letzten Grunde zu jeder Liebe unfähig.

In der Liebe wachsen heißt also: Ein defektes Liebesdreieck wird zu einem gesunden Liebesdreieck.

Liebe deinen Nächsten

Im Zusammenhang mit dem Liebesdreieck geht Jesus auf die Frage ein, wer denn der Nächste ist, der so „liebenswert“ sein soll. Und wie so oft antwortet Jesus mit einem Gleichnis, und zwar dem Gleichnis vom „Barmherzigen Samariter“:

Da ging ein Mann von Jerusalem nach Jericho. Unterwegs lauerten ihm Räuber auf. Die schlugen ihn halb tot, nahmen ihm alles, was er hatte, und ließen ihn hilflos dort in der Einöde liegen. Einige Zeit später kam ein Tempelpriester den Weg entlang. Der sah den Schwerverletzten. Aber er ging schnell weiter. Danach kam ein Tempeldiener, der sah ihn ebenfalls. Aber auch er ging weiter, ohne zu helfen.

Schließlich kam ein Samariter, ein Ausländer und Nichtjude, an jenem Ort vorbei. Als er das Opfer des Überfalls sah, bekam er Mitleid. Er behandelte seine Wunden mit Öl und Wein, verband ihn vorsichtig, hob ihn auf sein Tier und nahm ihn mit in eine Herberge. Dort kümmerte er sich weiter um den Verletzten.

Am nächsten Tag gab er dem Wirt Geld und sagte: „Bitte sorge für ihn, bis er gesund ist. Und wenn es mehr kostet, werde ich die Rechnung bezahlen, wenn ich wiederkomme."

(vgl. Lukas 10,30–35)

Mir wird deutlich: Von drei Menschen, die den Verwundeten erblickten, half nur einer. Das ist eine jämmerliche „Erfolgsquote". Wer Nächstenliebe übt, sollte also nicht davon ausgehen, auf der Seite der Mehrheit zu stehen. Aber was für ein Maßstab ist schon die Mehrheit?

Weiter stelle ich fest: Für jede unterlassene Hilfeleistung scheint es eine einleuchtende Ausrede zu geben: Das ist zu gefährlich, zu anstrengend, zu schmutzig, zu aussichtslos. Das ist nicht meine Aufgabe. Dazu bin ich nicht geeignet.

Weiter: Geld muss kein Hindernis sein, um Nächstenliebe üben zu können. Nicht nur die Armen können lieben und Gutes tun, wie es doch manchmal voller Idealismus behauptet wird. Nicht nur die Armen können ein großes Herz haben. Wer viel Geld hat, kann möglicherweise besonders großzügig sein. Vielleicht ist das sogar seine spezielle Aufgabe auf dieser Welt. Ohne Geld hätte der Samariter die Hotelkosten für den Verwundeten nicht bezahlen können.

Und: Nächstenliebe will den anderen nicht hilflos machen oder lassen, sondern ihn nach Kräften fördern und etwas dafür tun, dass er gesund und stark wird und sich, wenn möglich, bald selbst helfen kann.

Schließlich: Wer hauptberuflich mit Religion, mit Diakonie oder Caritas zu tun hat, muss nicht automatisch ein Vorbild an Nächstenliebe sein. Darum kann es manchmal ganz hilfreich sein, auch so genannte Autoritäten kritisch zu hinterfragen.

Nächstenliebe könnte bedeuten: Ich sehe in meinem Mitmenschen die Größe und Würde, mit der Gott ihn ausgestattet hat. Und ich bin bereit, auch gegen Widerstände alles zu tun, damit er diese Größe und Würde wiedergewinnt.

Liebe dich selbst

Liebe deinen Nächsten wie dich selbst. Das heißt, konsequent weitergedacht: Mach dich auf den Weg, auch deine eigene Größe und Würde zu finden und zu gewinnen und dich so zu sehen, wie nach der christlichen Überlieferung Gott den Menschen sieht.

Macht das nicht überheblich? Wohl kaum, denn Gott liebt den Menschen mit seinen Fehlern. Gott liebt den Sünder. Andere Menschen gibt es gar nicht. Überheblich wird ein Mensch immer dann, wenn er seinen Wert einzig und allein aus seinem Besitz oder seiner Leistung und seinem untadeligen Verhalten ableitet. Und deshalb kann ich mich selbst nur dann wirklich lieben, wenn ich mich mit meinen hellen und dunklen Seiten sehe. Die vielen „weißen Westen" lieben sich nicht, sie machen sich nur etwas vor. Sie betrügen sich selbst um alle schwarzen Flecken und Grauzonen.

Liebe dich selbst, das heißt: Ich liebe und achte mich, auch wenn ich eine Niederlage erlitten habe. Ich stehe zu mir, so wie ich glaube, dass Gott es tut, selbst wenn sich mein Lebensentwurf als gescheitert herausstellt.

Liebe dich selbst, das heißt: Ich fordere mich, ohne mich zu überfordern. Ich habe Mitleid mit mir, aber ich suche auch die innere Stärke, die das Mitleid hinter sich lassen kann.

Liebe dich selbst, das heißt: Ich glaube, dass es sich lohnt, an mir zu arbeiten und mich zu verändern, zu reifen oder neu anzufangen. Ich glaube es, weil ich mich als kostbares Kind Gottes verstehe. Ich liebe mich selbst und kann mich dem herausfordernden „Wind der Veränderung“ stellen.

Liebe Gott

Was wird und wurde nicht schon alles über Gott geredet und geschrieben! Wie viele kluge Worte wurden benutzt, um zu beschreiben, wie Gott ist, was er denkt oder was er vorhat! Ich kann nur klein und bescheiden sagen: Meine Vorstellung von Gott hat sich im Laufe meines Lebens schon so oft geändert. Der Gott meiner Kindheit wurde abgelöst von dem Gott meiner Jugend. Und auch später änderte sich mein Gottesbild immer wieder. Mal war er väterlich, dann eher mütterlich, mal kleinlich und dann wieder äußerst großzügig. Mal lebte er weit entfernt im Himmel, dann war er mir ganz nah. Mal war er eine vertraute Person, dann eher eine Kraft und dann ein Gefühl tief in mir. Mal war er allmächtig, ein „Ostergott“, und dann wieder ohnmächtig, ein „Karfreitagsgott“.

Eines jedoch ist geblieben in der ganzen Zeit: Das war und ist ein Gott der Liebe. Und ich könnte mir nicht vorstellen, ohne diese Liebe zu leben.

Doch wie soll ich Gott lieben? Wie soll ich jemanden lieben, von dem ich nur weiß, dass er ganz anders ist, als ich es mir vorstellen kann? Wie soll ich ihn lieben, wenn ich ihn nicht sehen kann und er mir manchmal endlos weit weg zu sein scheint?

Und weiter: Wie soll ich jemanden lieben, wenn er mir diese Liebe befiehlt? Oder ist es gar kein Befehl, sondern ein Auftrag oder ein Angebot, aus dem viel Lebensweisheit spricht, wenn es heißt: „Du sollst Gott, deinen Herrn, lieben mit dem Herz, mit der Seele, mit ganzer Kraft und mit dem Verstand!“?

Wenn ich Gott sehe wie einen grausamen Fürsten, der seinen Untertanen befiehlt, ihn zu lieben, dann wird nichts aus der Liebe, garantiert! Dann kann ich ihn fürchten, mich vor ihm verstecken, vor ihm kriechen – aber lieben kann ich ihn ganz bestimmt nicht. Oder ist Gott für mich wie ein liebevoller Vater, wie eine liebevolle Mutter, die ihren Kindern die Freiheit der Entscheidung lässt und ihnen trotzdem deutlich macht: Das wahre Leben findet ihr nur, wenn ihr aus meiner Liebe lebt!

Da ich dem Gott der Liebe vertraue, und nur deshalb, nehme ich das Angebot seiner Liebe bedingungslos an. Und trotzdem werde ich immer wieder herausfinden müssen, wie ich seine Liebe erwidern kann:

Vielleicht liebe ich Gott, indem ich seine Schöpfung und meine Mitmenschen liebe.
Vielleicht liebe ich Gott, indem ich seine Nähe suche und aushalte.
Vielleicht liebe ich Gott, indem ich mich durch sein Wort in Frage stellen lasse.
Vielleicht liebe ich Gott, indem ich darauf vertraue, dass er mir nahe ist.
Vielleicht liebe ich Gott, indem ich mich von ihm trösten, aber auch herausfordern lasse.
Vielleicht liebe ich Gott, indem ich immer wieder bereit bin, mich durch ihn verändern zu lassen.

Liebe als Geschenk

Ein Kind macht normalerweise die positive Erfahrung, dass es von seinen Eltern geliebt wird. Die Eltern stellen für diese Liebe keine Bedingungen. Das erscheint völlig selbstverständlich. Doch wie wichtig diese „geschenkte" Liebe ist, zeigt sich an den Menschen, die dieses Geschenk nur selten erfahren haben. Mancher Erwachsene kann deshalb heute nicht lieben, weil er oder sie als Kind Sätze hörte wie diesen: „Mama hat dich erst wieder lieb, wenn du brav bist!"

Liebe als Geschenk ohne Bedingungen ist die unabdingbare Voraussetzung für eine glückliche Kindheit und ein psychisch gesundes Aufwachsen. Liebevolle Erwachsene wurden als Kinder wahrscheinlich sehr geliebt.

In einer Zeit, in der viele Menschen vor jedem Handschlag fragen, was es ihnen einbringt, ist Liebe als Geschenk notwendiger denn je. Sie ist die Möglichkeit und Chance, dass die „kalte" Gesellschaft wärmer und menschenfreundlicher wird.

Auch die Liebe Gottes ist ein Geschenk, so erfahre ich in der Bibel.

Und anders als geschenkt wäre diese Liebe gar nicht zu ertragen. Manche Menschen haben die Erfahrung gemacht, dass sie sich unerwartet von Gott beschenkt fühlten. Ich denke zum Beispiel an Yoachim, den ich vor über 20 Jahren in den Vereinigten Staaten traf:

Yoachim

Bei einem Frühstück in der Nähe von Washington lernte ich ihn kennen. Yoachim erzählte mir, dass er gegen Anfang des Zweiten Weltkrieges als Jude in Polen geboren wurde. Der größte Teil seiner Verwandtschaft wurde im Konzentrationslager ermordet. Bis vor drei Jahren, so versicherte er mir, sei das stärkste Gefühl in seinem Leben der Hass auf die Deutschen gewesen.
Als Yoachim eine Zeit lang Vorarbeiter auf einer Bohrinsel war, wurde ihm eine Gruppe deutscher Facharbeiter als Kollegen angekündigt. Er sagte seinem Chef nur einen Satz: „Wenn einer von denen etwas gegen Juden sagt, bringe ich ihn um!" Daraufhin bekam er eine andere Gruppe zugeteilt. Damals hätte er nie auch nur im Traum gedacht, jemals mit einem Deutschen ein Wort zu wechseln.
Doch dann machte Yoachim eine wichtige Glaubenserfahrung. Ihm wurde deutlich, dass Gott jeden Menschen liebt. Und sein Hass, wie er mir lächelnd sagte, wurde durch Gottes Liebe langsam verwandelt. Als wir uns verabschiedeten, nahm er mich in den Arm. Ich konnte es kaum fassen: Ein Wunder der Liebe Gottes! Aus Hass war Liebe geworden!

Yoachim empfand Gottes Liebe als Geschenk, das er nicht verdient hatte. Und für mich war Yoachims Liebe zu mir ein Geschenk, das mich tief beschämte und innerlich aufwühlte.

Doch häufig stelle ich fest, dass meine eigene Liebe sehr begrenzt ist. Gern würde ich sie dann als Geschenk empfangen und als Geschenk weitergeben. Wenn das jedoch nicht der Fall ist, dann fängt für mich die Arbeit an!

Liebe als Aufgabe

Wie schön, wenn ich Liebe als Geschenk erfahre! Ich darf dieses Geschenk dankbar genießen und mich darüber freuen. Doch meistens ist Liebe eine Aufgabe, die mich fordert. „Liebe ist nicht mühelos. Im Gegenteil, Liebe ist anstrengend" (M. Scott Peck, *Der wunderbare Weg*, S. 81).

Liebe ist anstrengend? Manche verliebten Paare fassen sich an den Kopf, wenn sie solche Sätze hören. Das ist jammerschade. Denn es zeigt, dass sie überhaupt nicht vorbereitet sind auf das, was nach dem ersten Verliebtsein mit Sicherheit auf sie zukommt. Verliebtsein ist ein Geschenk. Verliebtsein kann zu Liebe werden, muss es aber nicht. Verliebtsein ist sozusagen die psychische Anschubfinanzierung des großen Projekts „Liebe und Partnerschaft".

Wenn das himmelhoch jauchzende Verliebtsein vorbei ist, dann kommt die Arbeit oder das Ende. Und da viele diese Arbeit nicht zu leisten bereit sind, entscheiden sie sich relativ schnell für das Ende. Unzählige Trennungen geschehen schlicht und einfach wegen Arbeitsverweigerung.

Arbeit oder Ende, ist das tatsächlich die Alternative? Nein, es gibt noch eine andere Möglichkeit: Ich verweigere die Arbeit für die Liebe, kann aber auch das Ende nicht akzeptieren, und quäle mich und den Menschen neben mir stattdessen unendlich lange in einer unglücklichen, unerfüllten Partnerschaft.

So bleibt also die Liebe als Aufgabe. Wie sieht diese Aufgabe aus, die mich erwartet? Hier sind einige Antworten, was Liebe *nicht* bedeutet:

Ich binde einen Menschen an mich.
Ich helfe einem Menschen, obwohl er sich gut selbst helfen könnte.
Ich wende mich deshalb einem Menschen intensiv zu, weil er alles dafür tut, mein Mitleid zu erregen.
Ich mache mich von ihm abhängig und könnte ohne ihn nicht leben.
Ich opfere mich für den anderen auf.

Haben Sie das verdaut? Haben Sie sich in der einen oder anderen Antwort selbst „erwischt"? Dann lesen Sie, was Liebe ist:

Ich höre aktiv zu und versuche,
den anderen zu verstehen.
Ich nehme interessiert wahr, was
der andere denkt und fühlt.
Ich laufe weder vor seinen noch
vor meinen oder vor unseren
gemeinsamen Problemen fort.
Ich tue alles dafür, dass wir beide
eigenständige Persönlichkeiten
bleiben oder werden.
Ich habe den dringenden Wunsch,
dass wir beide innerlich wachsen.
Ich bin bereit, mich zu verändern
und zuzulassen, dass der andere
sich verändert.

Wachstum und Veränderung sind Prozesse, die nur unter Mühen und Schmerzen möglich sind. Das gilt in besonderer Weise für die Liebe.

Ich würde mir die ganze Sache gern leichter machen. Sie auch? Ich würde gern auf alle Schmerzen verzichten. Doch wie lautet der inzwischen schon berühmt gewordene erste Satz von M. Scott Peck in seinem Buch *Der wunderbare Weg:* „Das Leben ist schwierig" (S. 15). Aber zum Glück gilt ebenfalls: Es ist „voller Schmerzen wie voller Freuden" (ebd. S. 16). Und wenn ich das erkannt und akzeptiert habe, kann ich mich mit großer Gelassenheit dem „Wind der Veränderung" stellen.

Anregungen zum Nachdenken und zum Gespräch:

1. Was fällt Ihnen zuerst ein, wenn Sie das Wort „Liebe" hören?
2. Beschreiben Sie, inwiefern Sie als Kind oder auch später Liebe als Geschenk erfahren haben!
3. Können Sie sich selbst achten und lieben?
4. Was bedeutet es für Sie, Ihren Nächsten zu lieben?
5. Wie ist Ihr Liebesdreieck zurzeit beschaffen?
6. Was bedeutet es Ihnen, Gott zu lieben, und wie äußert sich diese Liebe?
7. Wann haben Sie deutlich erfahren, dass Liebe schwere Arbeit sein kann?

Teil 3
Veränderung selbst gestalten

1
Das Glück im Auf und Ab des Lebens

Wie Sie vielleicht schon festgestellt haben, komme ich immer wieder auf die Höhen und Tiefen im Leben zu sprechen, auf gute und schlechte Zeiten, auf Schmerz und auf Freude. Jeder Mensch kann auf Höhen und Tiefen zurückblicken. Leben ist immer eine Aufeinanderfolge von unterschiedlichen Zuständen, Erfahrungen und Gefühlen, die teilweise sogar völlig gegensätzlich sind. Vor Jahren habe ich dazu den folgenden Text geschrieben:

Der Rhythmus des Lebens

Seit Urzeiten ist der Rhythmus des Lebens stets der gleiche: Frühling, Sommer, Herbst und Winter wechseln sich gegenseitig ab, Tag und Nacht, Ebbe und Flut …
Ich kenne diesen Rhythmus auch in meinem Leben. Es geht auf und ab, es ist hell und dunkel, ich arbeite hart und brauche anschließend eine Zeit zum Ausruhen. Ich freue mich auf den Sommer und brauche danach eine „Winterpause".
Das Leben hat seinen Rhythmus und ist doch jeden Tag neu, anders und unverwechselbar, jeden Tag für eine Überraschung gut. Ich kann es nicht vorherbestimmen, nicht alles planen. Manchmal lässt es mein Herz schneller schlagen, das Leben!

Ein Mensch ist nur dann wirklich lebendig, wenn er den „Rhythmus des Lebens" akzeptiert und sich danach ausrichtet. Doch woher kommt dieser besondere Rhythmus? Ich stelle Ihnen hier drei völlig verschiedene

Rhythmen vor. Ich nenne sie den „Rhythmus der Natur“, den „persönlichen Rhythmus“ und den „schicksalhaften Rhythmus“:

Der Rhythmus der Natur

Der Rhythmus in meinem Leben ist teilweise naturhaft bedingt. Mein Körper, die ganze Natur, das Weltall – sie alle folgen einem bestimmten Rhythmus. Dabei erlebe ich mich selbst als ein Stück Natur, als ein Stück Schöpfung.

Das merke ich zum Beispiel, wenn ich im März dem Frühling entgegenfiebere oder wenn ich im Hochsommer mehr draußen im Freien lebe als in meiner Wohnung. Ich erlebe den Rhythmus, wenn der neue Tag erwacht oder wenn mir spät abends die Augen zufallen. Sicher, ich kann versuchen, mich diesem Rhythmus teilweise zu entziehen. Ich kann im Winter in den Süden fliegen oder die ganze Nacht durcharbeiten (vielleicht mit Hilfe irgendwelcher Aufputschmittel). Aber ich werde feststellen, dass ich den natürlichen Rhythmus nicht besiegen kann. Eher gerate ich aus dem Rhythmus und leide schon bald unter unangenehmen Lebensrhythmusstörungen.

Auch mein Körper als Teil der Natur hat seinen Rhythmus. Mein Herz schlägt regelmäßig. Und im Gegensatz zu mir, der ich mich manchmal sträflich überfordere, legt mein Herz nach jedem Schlag eine kurze Ruhepause ein.

Mein Atem, meine Verdauung und viele andere Funktionen meines Körpers folgen einem bestimmten Rhythmus, damit ich nicht aus dem Gleichgewicht gerate. Ich kann mein Herz zur Höchstleistung treiben, ich kann für kurze Zeit den Atem anhalten, aber ich kann nicht aus dem Rhythmus meines Körpers heraus. Allenfalls kann ich meinen Körper so schlecht behandeln, dass er den lebensnotwendigen Rhythmus nur noch mühsam aufrechterhalten kann oder sogar zu kollabieren droht.

Mein persönlicher Rhythmus

Natürlich ist mein persönlicher Rhythmus auch abhängig vom Rhythmus der Natur, vom Rhythmus meines Körpers und vom Rhythmus der Welt und der Menschen, die mich umgeben. Und doch bestimme ich den Rhythmus meines Lebens entscheidend mit. Ich bestimme, wann ich ins Bett gehe und wann ich aufstehe. Es liegt an mir, ob ich mich selbst unter Druck setze oder setzen lasse und viel zu viel arbeite. Es liegt an mir, ob ich täglich stundenlang vor dem Fernseher sitze und keinen Sport treibe. Es liegt an mir, ob ich mich von meinen Mitmenschen zurückziehe und zu Hause verkrieche. Es liegt an mir, ob ich mir ständig Sorgen mache und nur mit schrecklich ernstem Gesicht herumlaufe.

Ich selbst bin verantwortlich dafür, dass mein Leben im Gleichgewicht bleibt. Wohlgemerkt: Ein lebendiges Gleichgewicht wird nicht dann erreicht, wenn ich unbeweglich und träge bin, sondern wenn ich den „Rhythmus des Lebens“ erfahre und in Bewegung bin. Ich brauche das Gleichgewicht zwischen den unterschiedlichen Polen in meinem Leben. Darum ist es meine Aufgabe, das Gleichgewicht zwischen Arbeit und Freizeit, Alleinsein und Gemeinschaft, Trubel und Stille, Sicherheit und Wagnis zu finden.

Dazu gehört, dass ich bereit bin, ständig dazuzulernen, mich selbst zu verändern und zu wachsen. Dazu gehört, dass ich meine Verletzungen heilen lasse, meine Probleme mutig anpacke und mich den vielfältigen Herausforderungen des Lebens stelle.

Der schicksalhafte Rhythmus

Vieles in meinem Leben kann ich langfristig planen. Ich kann mir vornehmen, im September drei Wochen Urlaub zu machen und einmal richtig auszuspannen.

Doch manches kann ich nicht beeinflussen. Es ist sozusagen schicksalhaft bestimmt und trifft mich möglicherweise unerwartet: Meine Lebenspartnerin, mein Lebenspartner wird schwer krank und stirbt. Ich verliere meine Anstellung. Ich muss aus meiner Wohnung ausziehen. Mein Urlaubsflug wird wegen höherer Gewalt abgesagt. Oder aber: Ich verliebe mich. Ich gewinne den ersten Preis. Ich werde plötzlich befördert. Ich habe eine zündende Idee.

Mein Leben kann aus dem normalen, gewohnten Rhythmus geraten. Doch auch das gehört zum Leben: Die Höhen und Tiefen kommen nicht in gleichmäßigem Abstand. Sie können mich überraschen oder überfallen. Doch dann kommt es darauf an, dass ich mich dem Geschehen stelle. Wenn ich weglaufe, werde ich auf Dauer aus dem Gleichgewicht geraten. Ich werde weniger lebendig sein. Ich werde die Lektion nicht lernen und die Wachstumsschritte nicht gehen, die mir möglich gewesen wären. Ich werde stehen bleiben.

Häufig begegnet mir dieses Problem bei Trauernden. Sie befinden sich möglicherweise ganz unten im Tief. Der Schmerz, einen geliebten Menschen verloren zu haben, ist oft kaum auszuhalten. Da mag es verständlich sein, aus der Trauer zu flüchten, vielleicht in die Arbeit, die Ablenkung, in den Alkohol oder in eine vorschnelle neue Beziehung.

Doch wer die Tiefe der Trauer nicht aushält und durchlebt, schadet seiner Seele. Die Trauer wird ihn später wieder einholen. Und weil sie als Trauer nicht angenommen wurde, wird sie sich verkleiden. Sie kommt als Depression, als ständiger Kopfschmerz, als Angst vor dem Leben – als Hilfeschrei der Seele.

Alles hat seine Zeit

Ich denke wie die meisten Menschen gern an die angenehmen Augenblicke meines Lebens zurück, die ich als Höhen empfunden habe: an wunderbare Urlaube, an private und berufliche Erfolge und an verschiedene Glücksmomente. Doch eins ist mir sehr deutlich geworden: Gewachsen bin ich immer dann, wenn ich eine Krise angenommen habe. Lebensfähiger bin ich geworden, wenn ich mich meinen Hindernissen gestellt habe. Und tiefer wurde meine Freude, nachdem ich durch manches tiefe Tal gegangen bin.

Es gehört zu den frühesten Erfahrungen der Menschheit, dass es den „Rhythmus des Lebens“ gibt, das Auf und Ab, den Schmerz und die Freude. Im Alten Testament findet sich ein wunderbarer, poetischer Text über diesen Rhythmus:

Alles hat seine Zeit

Alles im Leben hat seine Zeit,
und alles Geschehen unter dem Himmel hat seine Stunde.
Geboren werden hat seine Zeit und Sterben hat seine Zeit.
Pflanzen hat seine Zeit und Ernten hat seine Zeit.
Töten hat seine Zeit und Heilen hat seine Zeit.
Abreißen hat seine Zeit und Bauen hat seine Zeit.
Weinen hat seine Zeit und Lachen hat seine Zeit.
Klagen hat seine Zeit und Tanzen hat seine Zeit.
Steine wegwerfen hat seine Zeit und Steine sammeln hat seine Zeit.
Umarmen hat seine Zeit und Aufhören, sich zu umarmen, hat seine Zeit.
Suchen hat seine Zeit und Verlieren hat seine Zeit.
Behalten hat seine Zeit und Wegwerfen hat seine Zeit.
Zerreißen hat seine Zeit und Zunähen hat seine Zeit.
Schweigen hat seine Zeit und Reden hat seine Zeit.
Lieben hat seine Zeit und Hassen hat seine Zeit.
Krieg hat seine Zeit und Frieden hat seine Zeit.
Gott hat alles zu seiner Zeit wunderbar gemacht.
Und er hat die Ewigkeit in die Herzen der Menschen gelegt.
(vgl. Kohelet / Prediger Salomo 3,1–8 und 11a)

Das Trampolin

Vor einigen Jahren nahm der Schmerz in meinen Schultern und meinem Rücken, den ich schon länger gespürt hatte, erbarmungslos zu. Ich musste dringend etwas unternehmen. Also ging ich zur Massage. „Sie sind ja völlig verspannt!", bemerkte die erfahrene Masseurin schon nach wenigen Augenblicken und einigen geschickten Handgriffen. „Sie sitzen sicher viel am Schreibtisch und vor dem Computer."

Früher hatte ich viel Sport getrieben. Aber in der letzten Zeit, so wurde mir noch auf der Massagebank deutlich, beschränkte ich mich auf ab und zu einen längeren Spaziergang, viel mehr nicht. Es sah fast so aus, als würde ich unter akutem Bewegungsmangel leiden bei gleichzeitig einseitiger Belastung.

Also machte ich mich auf die Suche nach einer passenden Sportart. Ich war endlich bereit, mich wieder mehr zu bewegen. Endlich! Wie so oft musste ich erst im Tief stecken, bevor ich etwas an meiner Situation änderte. Erste sportliche Versuche im Fitnesscenter schlugen fehl. Das war nicht meine Welt. Und außerdem ging dabei einfach zu viel Zeit für die Fahrt zum Studio und das ganze Drumherum verloren.

Da entdeckte ich das Trampolin. Nein, nicht so ein riesiges Gerät, um Saltos zu springen. Ich entdeckte ein Minitrampolin mit 1,25 Meter Durchmesser zum „sportlichen Schwingen", nicht zur Akrobatik. Das konnte ich bequem bei uns in der Wohnung aufstellen und jederzeit benutzen, morgens nach dem Aufstehen und vor allem auch in den Pausen zwischen der Arbeit am Schreibtisch.

Zum Glück kaufte ich mir gleich das richtige Gerät. Denn wie ich später unabhängig voneinander von mehreren Sporttherapeuten erfuhr, soll so ein Trampolin so weich wie möglich sein, um die Gelenke nicht unnötig zu belasten. Mein Trampolin hat keine Metallfedern wie die einfachen Kaufhausgeräte, sondern eine neu entwickelte Gummiseil-Federung, bei der die Abbremsphase länger dauert und die Muskelzellen sich somit langsamer zusammenziehen.

So ging ich täglich auf mein Trampolin, und schon bald konnte ich mir nicht mehr vorstellen, auf das regelmäßige Schwingen, das Auf und Ab auf diesem Gerät zu verzichten. Der eigene Rhythmus stellt sich bereits nach wenigen Augenblicken ein, auf, ab, auf, ab. In diesem Rhythmus werden alle meine Muskeln entspannt und im nächsten Augenblick angespannt, entspannt und angespannt.

Inzwischen ist die Zeit auf dem Trampolin für mich fast so etwas wie Meditation: Ich konzentriere mich völlig auf meinen Rhythmus des Auf und Ab. Ich schwinge und lebe im „Rhythmus des Lebens". Das Trampolin wurde für mich zum Sinnbild des Lebens. Ihm habe ich viele Gedanken in diesem Buch zu verdanken.

Und zusätzlich durfte ich die wunderbare Erfahrung machen, dass meine Schmerzen in den Schultern und im Rücken schon nach wenigen Wochen verschwunden waren und bis heute nicht zurückgekehrt sind.

Mein Trampolin

Täglich neu lasse ich mich von meinem Trampolin begeistern. Ohne dieses sanfte Auf und Ab würde mir mit Sicherheit viel von meiner neu gewonnenen Lebensqualität fehlen. Mein Körper und meine Seele danken es mir.

Sollten Sie auch etwas für Ihre Beweglichkeit, Koordination, Kondition und gegen Verspannungen tun wollen, nenne ich Ihnen gern die Anschrift, bei der Sie dieses Gerät beziehen und weitere Informationen erhalten können:

bellicon deutschland gmbh
Frankfurter Straße 243
D-51147 Köln

Telefon: 02203/962030
E-Mail: info@simplifyhealth.de

Oben und unten

Manchmal bin ich ganz oben,
unbesiegbar, erfolgreich,
stolz auf das, was ich erreicht
habe,
was ich bin und was ich weiß.
Manchmal bin ich ganz unten,
bedrückt von der Schuld,
enttäuscht von meinen Mit-
menschen,
verunsichert durch eigene Fehler
und Irrtümer,
mutlos und ohne Vertrauen in
meine Möglichkeiten.

Ich würde mich nicht mögen,
wenn ich nur oben
oder nur unten wäre.
Beides ist nur erträglich
zusammen mit dem anderen.
Beides hat mich geprägt
und zeigt mir,
wie ich bin:
stark und schwach,
hart und sensibel
und immer wieder
verliebt ins Leben.

Anregungen zum Nachdenken und zum Gespräch:

1. Bei welcher Gelegenheit wird Ihnen deutlich, dass Sie ein Stück Natur, ein Stück Schöpfung sind?
2. In welchen Bereichen haben Sie Ihren persönlichen Rhythmus noch nicht gefunden?
3. Welche Schicksalsschläge haben Sie völlig aus dem Gleichgewicht geworfen?
4. Wann in Ihrem Leben fühlten Sie sich ganz oben, wann ganz unten?

2
Innere Stärke und Beweglichkeit

Wie kommt es, dass manche Menschen in Krisensituationen seltsam hilflos sind und sich nach schweren Schicksalsschlägen möglicherweise nie mehr richtig davon erholen? Ihnen fehlt Widerstandsfähigkeit oder „Resilienz“. Über die verfügen dagegen all jene, die sich ihren Problemen stellen und aus Krisen oft sogar noch gestärkt hervorgehen.

„Wer auf die Nackenschläge des Lebens nicht elastisch und flexibel genug reagieren kann“, schreibt die Psychologin Ursula Nuber, „wer nicht über Ausdauer und Widerstandskraft verfügt, wird körperlich oder psychisch krank, verliert jeden Lebensmut und findet, wenn überhaupt, erst nach langen Kämpfen wieder Zuversicht und Stabilität“ („So meistern Sie jede Krise“, in: *Psychologie heute,* Mai 1999, S. 22).

Resilienz

Der englische Begriff „Resilience“ bezeichnet die Eigenschaft eines Gegenstandes oder Stoffes, die ursprüngliche Form wieder anzunehmen, nachdem er verbogen, zusammengedrückt oder anderweitig verformt wurde. Ein guter Fußball zum Beispiel verfügt über Resilience.

„Resilience“ heißt auch eine Nachtcreme, die den Benutzern verspricht, dass ihre Haut wieder frisch und fest wird und ausgeruht, entspannt und jugendlich aussieht.

Resilienz ist aber, wie bereits erwähnt, auch eine wichtige Eigenschaft der Menschen. Schon Kinder können über eine ausgeprägte Resilienz verfügen. So kommt es, dass sich manche Mädchen oder Jungen selbst unter negativen familiären oder sozialen Bedingungen äußerst positiv entwickeln können. Resiliente Kinder sind von Natur aus sozusagen gut ausgerüstet. Aber Resilienz ist auch in späteren Jahren erlernbar und trainierbar.

Merkmale resilienter Menschen

Was zeichnet Menschen aus, die gut mit Veränderung in ihrem Leben umgehen können? Frederic F. Flach hat bei seiner Tätigkeit als Arzt, Psychiater und Psychotherapeut einige Merkmale resilienter Menschen herausgefunden. Ich habe seine Liste leicht abgeändert: Resiliente Menschen sind zu erkennen an …

… einem gesunden Selbstwertgefühl.

… Unabhängigkeit im Denken und Handeln.

… der Fähigkeit zu Austausch und Zusammenarbeit.

… einem Netzwerk von Freunden und Vertrauten.

… Disziplin und Verantwortungsgefühl.

… der Gabe, ihre Talente zu erkennen und zu entwickeln.

… der Bereitwilligkeit zu träumen.

… ihrem Sinn für Humor.

… der Fähigkeit, eigene und fremde Gefühle zu erfassen und darüber angemessen zu sprechen.

… der Fähigkeit, seelischen Schmerz zu ertragen.

… ihrer Hingabe an das Leben und eine Lebensphilosophie, aus der sie auch in ausweglos erscheinenden Situationen Sinn und Hoffnung gewinnen (vgl. Frederic Flach, *Die Kraft, die aus der Krise kommt,* S. 111).

Kraft aus der Krise

Frederic F. Flach hat ein informatives, gut zu lesendes Buch über Resilienz oder Widerstandskraft geschrieben: *Die Kraft, die aus der Krise kommt.* „Es ist eine Sache, Phasen schmerzlicher persönlicher Umwälzungen durchzumachen und sich wieder davon zu erholen, wenn die Welt um einen herum relativ stabil ist. Es ist etwas anderes, wenn das Tempo, mit dem Veränderungen auf der ganzen Welt vonstatten gehen, ungeheuer zugenommen hat und ganze Kulturen sich am Rande der Auflösung befinden. Wir alle sind zunehmend mehr Gefahren ausgesetzt. Es bleibt uns nicht viel anderes übrig, als die Verantwortung auf uns zu nehmen, diese Veränderungen zu überstehen“ (S. 13).

Am Ende seines Buches gibt er den Leserinnen und Lesern noch mit auf den Weg: „Ich bin der Meinung, das wichtigste Element der Belastbarkeit ist der Glaube …“ (S. 234).

Ich möchte an dieser Stelle gern eine Frage stellen: Unterstützt der Glaube oder die Religion Menschen auf dem Weg zu innerer Beweglichkeit und Stärke? Macht er sie resilienter? Oder ist Religion dafür eher hinderlich?

Wahrscheinlich würde ich sehr unterschiedliche Antworten erhalten. Schließlich ist „Glaube“ nicht gleich „Glaube“ und „Religion“ nicht gleich „Religion“. Für manchen bedeutet Religion eben in erster Linie Schutz und Zuflucht vor Problemen, für andere eher die Herausforderung, sich ihnen zu stellen und sie zu lösen.

Ich wünsche mir einen Glauben, der mir ein gesundes Selbstwertgefühl ermöglicht und eine Hilfe dabei ist, dem Leben und seinen Problemen mutig zu begegnen und innere Beweglichkeit und Stärke zu gewinnen.

In dem folgenden Text „Ich wünsche mir“ habe ich die verschiedenen Punkte, die Frederic F. Flach als Zeichen resilienter Menschen aufzählt, eingebaut:

Ich wünsche mir

Ich wünsche mir einen Glauben,
durch den ich groß werde
und aufrecht gehen kann.
Ich wünsche mir,
dass ich mich bei dem,
was ich denke, plane und tue,
nicht nach den anderen richte
und erst recht nicht nach dem,
was „man“ gerade denkt oder tut.
Ich wünsche mir einen Glauben,
der mich liebesfähig macht
und mich darin bestärkt,
mit anderen vertrauensvoll
zusammenzuarbeiten.
Ich wünsche mir einen Glauben,
der mir Disziplin ermöglicht
und Verantwortungsgefühl,
aber auch Lockerheit und Humor.
Ich wünsche mir einen Glauben,
der mir gute Träume
und Visionen schenkt.
Ich wünsche mir,
dass ich die guten Gaben,
die Gott mir
in die Wiege gelegt hat,
erkenne und entwickle.
Ich wünsche mir,
dass ich meine Gefühle
kennen lerne

und auch die Gefühle
meiner Mitmenschen ernst nehme
und dass ich lerne,
über Gefühle auch zu reden.
Ich wünsche mir,
dass Glaube
für mich nicht bedeutet,
die dunklen Seiten des Lebens
zu ignorieren und
vor ihnen zu flüchten,
sondern sie zu akzeptieren
und den Schmerz, den sie
bereiten, zu ertragen.
Ich wünsche mir einen Glauben,
der mir in jeder Situation
Hoffnung schenkt
und mir zeigt, dass ich von Gott
geliebt bin.

Das ist ein Glaube, davon bin ich überzeugt, der mich lebensfähig und resilient macht und mich bei meinem spirituellen Wachstum unterstützt.

Regelmäßiges Training

Nicht nur mein Körper braucht ein regelmäßiges Training. Nicht nur mein Körper braucht Stärke und Beweglichkeit. Auch mein Verstand und meine Psyche brauchen ein auf sie abgestimmtes Training, sonst werde ich mich nicht weiterentwickeln. Auch sie brauchen Übung, Praxis und Herausforderung, sonst werde ich von Veränderung und Wachstum nur träumen.

Zwei amerikanische Autoren haben dieses besondere Training seit Jahren näher untersucht. Tony Schwartz und Jim Loehr, bekannt als Sportpsychologen, bringen ihre Ergebnisse in dem Buch *Die Disziplin des Erfolgs* (München 2003) auf den Punkt:

Der „Trainingseffekt wird bislang vorrangig zum Aufbau von Körperkräften genutzt, er betrifft jedoch gleichermaßen den Aufbau von ‚Muskeln' in allen übrigen Dimensionen unseres Lebens – von Einfühlungsvermögen und Geduld über Konzentration und Kreativität bis zu Integrität und Einsatzbereitschaft. Was für den Körper gilt, gilt für alle Lebensdimensionen. Diese Einsicht vereinfacht und revolutioniert zugleich die Art, wie wir mit den Hindernissen umgehen, die sich uns in den Weg stellen“ (S. 22).

Innere Stärke und Beweglichkeit sind notwendig, so habe ich bereits deutlich gemacht, um sich auf Veränderungen einzulassen und sie erfolgreich zu bewältigen. Ich kann auch sagen: Jeder Mensch braucht Widerstandsfähigkeit oder Resilienz, wenn er dem Leben nicht hilflos ausgeliefert sein will. Und es gibt die Möglichkeit, diese Resilienz zu trainieren.

Tony Schwartz und Jim Loehr erläutern den Trainingseffekt: „Wir wachsen auf allen Ebenen, indem wir über unsere normalen Grenzen hinaus Energie verbrauchen und uns anschließend erholen. Wenn Sie einen Muskel übermäßig belasten, riskieren Sie schwer wiegende Verletzungen. Wenn Sie ihn lediglich normalen Belastungen aussetzen, wird er nicht wachsen. Er wird mit dem Alter sogar schwächer werden. Der begrenzende Faktor beim Aufbau jedes ‚Muskels' ist, dass viele von uns bei der kleinsten Andeutung von Unbehagen zurückstecken … Jede Form von Stress, die Unbehagen erzeugt, hat das Potenzial, unsere Kapazität zu erweitern – physisch, mental, emotional oder spirituell – solange darauf eine angemessene Erholungsphase folgt" (S. 22–23).

Probleme lösen

Wenn wir dieser Argumentation folgen, dann muss es beispielsweise möglich sein, den „Muskel der Problemlösung" zu trainieren. Wer sich seinen Problemen stellt, wird also an ihnen wachsen. Wer seine Trauer annimmt und lebt, wird sich verändern und bald wieder am normalen Leben teilnehmen können. Wer seine Hindernisse aus dem Weg räumt, wird mit den Hindernissen beim nächsten Mal schon viel besser umgehen können.

Wer dagegen vor seinen Problemen wegläuft, wer seine Trauer zu ignorieren versucht und stets von anderen erwartet, ihm die Hindernisse aus dem Weg zu räumen, wird nicht wachsen, sondern schwächer werden. Sein „Muskel der Problemlösung" wird langsam verkümmern.

Nicht nur die Unterforderung, auch die Überlastung ist gefährlich. Wer Tag und Nacht mit seinen Problemen zu tun hat und an nichts anderes denken kann, wird bald völlig ausgelaugt sein. Und wer in kurzer Zeit mehrere Todesfälle in der Familie oder im engsten Freundeskreis zu verkraften hat, läuft Gefahr, ernsthaft zu erkranken.

Veränderung

Ich traue mich an dieser Stelle einmal, auch vom „Muskel der Veränderung“ zu sprechen. Ich kann nicht erwarten, mein Leben plötzlich erfolgreich zu verändern, wenn ich mich bis dahin vor jeder Veränderung gedrückt habe. Wer zum Beispiel meint, im Ruhestand wird alles anders, kann sich gewaltig täuschen. Sie kennen das vielleicht selbst aus Ihrem Bekanntenkreis. Auch Veränderung muss eingeübt und regelmäßig trainiert werden.

Im Gleichgewicht

Es ist wichtig, soweit wie möglich in einer gesunden Balance zu leben und sowohl zu viel Anspannung als auch zu viel Entspannung zu vermeiden. Es geht darum, den persönlichen Rhythmus zu finden und zu akzeptieren, um den es in diesem Buch vor einigen Seiten bereits einmal ging. Da hieß es: „Ich brauche das Gleichgewicht zwischen den unterschiedlichen Polen in meinem Leben.“

Mein persönliches Gleichgewicht werde ich nur erreichen, wenn ich es regelmäßig suche und wenn ich diszipliniert dafür trainiere. Von allein wird es nicht kommen.

In dem Kapitel „Ich bin der Weg“ habe ich bereits geschildert, wie Jesus stundenlang und ohne Pause für die vielen Hilfe suchenden Menschen da war. Doch plötzlich spürte er, dass es zu viel wurde und der Einsatz über seine Kraft ging. Er ließ die Menschen stehen und zog sich zum Gebet und zur Erholung zurück.

Das ist ein deutliches Zeichen für innere Stärke und Beweglichkeit. Jesus war ganz für die Menschen da. Er setzte sich für sie ein. Er arbeitete konzentriert. Aber er wusste auch, wann die Zeit zum Aufhören gekommen war.

Jesus war häufig mit seinen Jüngern zusammen. Er war viel unter Menschen, lehrte sie und war ihnen nahe. Aber im Neuen Testament erfahre ich auch, dass er sich 40 Tage in die Wüste, in die Einsamkeit zurückzog.

Jesus sprach voller Ernsthaftigkeit zu seinen Zuhörern über die wichtigsten Dinge des Lebens. Aber er feierte auch immer wieder fröhliche Feste.

Jesus konnte in aller Ruhe und mit großer Sensibilität Menschen zuhören und zu ihnen reden. Er konnte aber auch voller Zorn die Händler aus dem Tempel vertreiben. Jesus lebte im Gleichgewicht.

Mein Trainingsprogramm

Ich brauche das Gleichgewicht zwischen den unterschiedlichen Polen in meinem Leben. In einem Seminar über „Balance" habe ich die Teilnehmerinnen und Teilnehmer gebeten, einige Wortpaare zu nennen, die sich als unterschiedliche Pole gegenüberstehen. Hier ist das Ergebnis:

Arbeit und Freizeit
Stille und Trubel
Gemeinschaft und Alleinsein
Chaos und Ordnung
Distanz und Nähe
Sicherheit und Aufbruch
Verstand und Gefühl
Weinen und Lachen
Festhalten und Loslassen

Wenn ich zu viel arbeite und mich übernehme oder meine Familie vernachlässige, dann ist es wichtig, dass ich auch den anderen Pol trainiere und die Arbeit bewusst ruhen lasse. Tatsächlich gelingt es vielen Menschen kaum, einmal richtig auszuruhen und gar nichts zu tun. Aber ich kenne auch viele, die ständig klagen, wie anstrengend ihr Leben ist, und darüber nicht mehr zum Arbeiten kommen. Für sie wäre ein behutsames „Arbeitstraining" angebracht.

Wenn ich ständig Ablenkung brauche und zu Hause sofort das Radio oder den Fernseher einschalte, ist es meine dringende Aufgabe, mich regelmäßig der Stille auszusetzen und darauf zu warten, dass meine Seele zu mir spricht und nicht mehr von anderen Stimmen und Geräuschen übertönt wird.

Wenn ich mich viel zu oft zurückziehe und vor meinen Mitmenschen fliehe, ist es wichtig, dass ich Gemeinschaft suche und einübe. Umgekehrt gibt es Zeitgenossen, die erst einmal intensiv einüben müssen, allein zu sein.

Wenn ich es mit der Ordnung übertreibe und keine Spontaneität zulassen kann, dann ist es wichtig, auch das Chaos zu suchen und auszuhalten. Echte Chaoten dagegen müssen den „Muskel der Ordnung" trainieren, um sich im Leben besser zurechtfinden zu können.

Wenn ich sogar zu engsten Freunden oder zu meiner Partnerin oder meinem Partner keine wirkliche Nähe zulasse, dann gehört die Einübung von Nähe zu meinen wichtigsten Aufgaben. Andere sollten dagegen trainieren, den Menschen, die sie lieben, genügend Freiraum zu gewähren.

Wenn ich immer nur Sicherheit und Geborgenheit suche und Angst vor allem Neuen habe, dann ist es meine Aufgabe, den Aufbruch zu wagen und das Abenteuer zu suchen. Ich werde mit ersten Schritten der Veränderung beginnen und mein „Trainingspensum“ langsam steigern.

Wenn ich vom Verstand dominiert werde, dann ist es meine Aufgabe, mein Gefühl besser kennen zu lernen und mitentscheiden zu lassen. Dagegen haben all jene, die sich ständig von ihrem Gefühl treiben lassen, den Verstand als wichtiges Korrektiv für das Gefühl zu fördern.

Wenn ich oft lache, bin ich sicher ein beneidenswerter Mensch. Trotzdem ist es wichtig, dass ich auch den Schmerz in meinem Leben zulasse. Kann ich überhaupt weinen?

Und wenn ich seit Jahren ständig frage, was ich noch loslassen kann oder soll, dann ist es vielleicht an der Zeit, dass ich wieder lerne, auch einmal festzuhalten, Ja zu sagen und mich für statt gegen etwas zu entscheiden.

So ist Veränderung möglich

Einseitigkeit ist ein Zeichen von fehlender Beweglichkeit. Menschen, die sich in ihrem Leben immer wieder verändern und die bis ins hohe Alter hinein geistig, psychisch und spirituell wachsen, sind mit Sicherheit nicht einseitig. Sie sind wahrscheinlich konsequent auf ihrem Weg unterwegs, aber dabei sind sie stets offen für die vielen guten Möglichkeiten des Lebens, für seine unterschiedlichen Farben und Schattierungen. Sie sind hellwach und sehen ihre eigenen Stärken und Schwächen. Sie entwickeln sich weiter, ohne an sich selbst zu zweifeln oder sich selbst zu überschätzen. Und sie kennen in ihrem Leben nicht nur fertige Antworten, sondern vor allem Fragen.

Auf dem Weg zur Veränderung reicht es nicht aus, sich zu überwinden und ins Ungewisse zu springen. Sicher, auch das ist wichtig. Aber Veränderung ist mehr. Es ist eine Lebensaufgabe. So wie Glaube nicht nur bedeutet, mich einmal für etwas zu entscheiden, sondern ein Leben lang viele kleine und große Glaubensschritte zu machen.

Anregungen zum Nachdenken und zum Gespräch:

1. Welche Eigenschaften, an denen resiliente Menschen zu erkennen sind, fehlen Ihnen noch?
2. Inwiefern hilft Ihnen Ihr Glaube zu mehr Resilienz?
3. Welche „Muskeln" müssen Sie noch ausgiebig trainieren?

3
Wagnis und Sicherheit

Immer wieder im Leben geht es darum, die eigene Balance zu finden und gleichzeitig den Lebensraum zu erweitern und zu wachsen.
Hier ist ein kleiner Fragebogen, in dem es um Ihre Balance geht. Leben Sie im Gleichgewicht?

Fragebogen

1. Ich habe weniger als 10 Prozent Übergewicht.

❑ ja ❑ nein

2. Wenn ich abends ins Bett gehe, bin ich meistens müde.

❑ ja ❑ nein

3. Ich gebe nur so viel Geld aus, wie ich verdiene.

❑ ja ❑ nein

4. Ich bin meistens dankbar und zufrieden.

❑ ja ❑ nein

5. Wichtige Aufgaben erledige ich sofort.

❑ ja ❑ nein

6. Ich kann gut Nein sagen.

❑ ja ❑ nein

7. Ich kann das Leben genießen.

❑ ja ❑ nein

8. Morgens freue ich mich fast immer auf den neuen Tag.
❏ ja ❏ nein

9. Ich habe seit dem vergangenen Jahr viel dazugelernt.
❏ ja ❏ nein

10. Wenn ich etwas gern haben will, bin ich bereit zu warten, statt es sofort haben zu müssen.
❏ ja ❏ nein

11. Meistens gelingt es mir, meinen eigenen Weg zu gehen.
❏ ja ❏ nein

12. Ich habe höchst unterschiedliche Interessen.
❏ ja ❏ nein

13. Ich besitze ein gesundes Selbstwertgefühl.
❏ ja ❏ nein

In der vergangenen Woche …
14. … habe ich täglich mindestens 30 Minuten Sport getrieben (Laufen, Schwimmen, Wandern usw.)
❏ ja ❏ nein

15. … habe ich mich mindestens dreimal für einige Minuten in die Stille zurückgezogen (zum Meditieren, Nachdenken, Beten oder „Abschalten“)
❏ ja ❏ nein

16. … habe ich privat mit mindestens einem Menschen gesprochen, den ich vorher noch nicht gekannt habe.
❏ ja ❏ nein

17. … habe ich ein persönliches Problem gelöst.
❑ ja ❑ nein

18. … habe ich fast jede Nacht gut geschlafen.
❑ ja ❑ nein

19. … habe ich einiges mit großer Begeisterung getan.
❑ ja ❑ nein

20. … habe ich täglich gelacht.
❑ ja ❑ nein

Sie haben 18-, 19- oder 20-mal mit Ja geantwortet? Dann leben Sie wahrscheinlich in einem gesunden Gleichgewicht. Die Voraussetzungen sind gut, dass Sie vom „Wind der Veränderung" nicht umgeworfen werden, sondern mutig und selbstbewusst Ihren persönlichen Weg der Veränderung gehen.

Festhalten und Loslassen

Noch einmal komme ich zum Thema „Loslassen". Die Frau von Lot konnte nicht loslassen und erstarrte zur Salzsäule. Jesus ermutigt seine Zuhörer zum Loslassen, statt am Alten festzuhalten.

Loslassen ist ein Schlüsselbegriff, wenn es um Veränderung geht. Denn es gibt keine Veränderung ohne Loslassen. Festhalten bedeutet häufig, sich für das Alte, für die Sicherheit zu entscheiden. Loslassen bedeutet stattdessen Wagnis und Unsicherheit: Wenn ich loslasse, weiß ich nie genau, was mich danach erwartet.

Loslassen, was mich krank macht

Der Text auf der folgenden Seite verdeutlicht, wie wichtig das Loslassen gerade dann sein kann, wenn mich unnötige Lasten niederdrücken:

Es gibt vieles, was mich krank macht, was mir das Leben schwer macht.
Es macht mich krank, von Verletzungen oder falschen Wünschen und Träumen aus meiner Vergangenheit nicht loszukommen. Es macht mir das Leben schwer, an Menschen und Ereignissen festzuhalten, die längst Vergangenheit sind.
Glaube kann krank machen, wenn er mir Freude und Würde nimmt.
Es gibt unnötige Probleme und Schwierigkeiten, die ich treu pflege und von denen ich mir das Leben zur Hölle machen lasse. Und eine Besitz ergreifende Liebe, wenn es überhaupt Liebe genannt werden darf, kann mein Leben zerstören und das des geliebten Menschen.

Auch beim Loslassen ist es wichtig, dass ich der Wahrheit verpflichtet bin und mir ehrlich selbst einige Fragen beantworte:

Bin ich wirklich bereit, das loszulassen, was mich krank macht? Will ich Veränderungen in meinem Leben? Bin ich bereit für Neues und Ungewohntes? Will ich wirklich glücklich sein? Habe ich vielleicht Angst, die Krankheit loszulassen und wieder gesund zu werden? Liebe ich mich nur, wenn ich leide? Brauche ich mein Mitleid und das meiner Mitmenschen?

Schon am Anfang loslassen

Kleine Kinder müssen mühsam lernen, einen Gegenstand festzuhalten, zum Beispiel einen Ball. Für sie ist Festhalten eine wichtige Aufgabe. Denn ohne Festhalten ist ein Leben auf Dauer nicht möglich. Doch auch Kinder müssen bereits Loslassen lernen: Die Mutter hat nicht ständig für sie Zeit. Fremdes Spielzeug müssen sie zurückgeben. Ein Wunsch wird ihnen nicht erfüllt.

Wenn die Kinder größer werden, kommt irgendwann der Zeitpunkt, an dem sie ihre Kindheit loslassen müssen und damit auch die Sicherheit, die ihnen die Eltern bisher geboten haben. Ja, für jedes Abenteuer ihres jungen Lebens müssen sie loslassen, und wenn es die eigene Angst ist.

Susan

Vor etlichen Jahren besuchte ich einige christliche Jugendcamps in den Vereinigten Staaten, um darüber ein Buch zu schreiben. In „Frontier Ranch" in Colorado begeisterte mich besonders „The Ropes" [die Seile], ein Abenteuerparcours hoch oben in den riesigen, schwankenden Bäumen. Natürlich wollte ich es auch einmal ausprobieren. Eine junge Mitarbeiterin sicherte mich fachmännisch, und schon stellte sich ein eigenartiges Gefühl in meiner Magengegend ein, als ich über einen tiefen Abgrund hangelte, über einen Balken balancierte oder mich von einem Baumgipfel zu einer kleinen Plattform hoch oben schwang. Auf der stand ich nun in luftiger Höhe, mein Gurt wurde noch einmal gesichert, und dann sollte ich von dort zu einem frei schwebenden Trapez springen, das sich drei Meter vor mir befand. Tief unter mir sah ich ganz klein die Zuschauer aus dem Camp. Als ich dann sprang und zufasste und langsam heruntergelassen wurde, spürte ich dieses tolle Gefühl: Ich habe mich überwunden! Hurra!
Stunden später stand Susan, 14 Jahre, dort oben auf dem Dreißig-Zentimeter-Podest im Baumwipfel, schaute ängstlich herunter, ging in die Knie und setzte zum Sprung an, stellte sich wieder gerade hin, hielt sich verzweifelt die Hand vor die Augen, rief: „Ich trau mich nicht!", wurde von ihren Zimmerkameradinnen angefeuert und sprang schließlich doch – nach fast 30 Minuten! Danach war sie überglücklich, tanzte vor Freude und wurde von allen in die Arme geschlossen.

Ich habe den Eindruck, dass der Glaube an Gott mit so einem Sprung vergleichbar ist: Ich vertraue darauf, dass der Glaube mein Leben bereichert, auch wenn ich es vorher nicht genau weiß und manches dafür hinter mir lasse. Und ich habe die Hoffnung, dass ich aufgefangen werde, wenn ich einmal den Halt in meinem Leben verliere und abzustürzen drohe.

Aber zurück zum Loslassen und zu dem Sprung, der für junge Menschen so wichtig sein kann. Sie kennen das Lied von Walter Rothenburg nach der Musik von Lothar Olias: „Junge, komm bald wieder"? Da heißt es: „Ich weiß noch, wie die erste Fahrt verlief, ich schlich mich heimlich fort, als Mutter schlief. Als sie erwachte, war ich auf dem Meer." Und weiter: „Im ersten Brief stand: ‚Komm doch bald wieder her!'"

Erwachsenwerden bedeutet immer auch, schmerzhafte Schritte zu tun und manches loszulassen, was mir ans Herz gewachsen ist. Und möglicherweise wird die Verlockung noch manchmal an mein Ohr gelangen und flüstern: „Kehr doch wieder um!"

Ein Leben lang loslassen

Auch Loslassen muss geübt und regelmäßig praktiziert werden. Und je länger und häufiger ich es trainiere, umso eher kann ich auch in schwierigen Situationen loslassen. Obwohl – leicht wird es wohl niemals.

Loslassen

1. Loslassen kann ich lernen.
2. Loslassen muss ich mein Leben lang.
3. Loslassen ist meistens kein Verlust, sondern Gewinn.
4. Mit dem Loslassen darf ich mich anfreunden.
5. Ohne Loslassen gibt es kein Wachstum.
6. Alles Neue in meinem Leben beginnt damit, dass ich loslasse.
7. Was soll oder will ich wirklich loslassen?
8. Jede Entscheidung für etwas ist zugleich eine Entscheidung gegen etwas.
9. Keine Entscheidung ist auch eine Entscheidung – und zwar die schlechteste.
10. Wer nicht loslassen kann, wird nach und nach immer weniger lebendig sein.

Festhalten

Um Resilienz zu gewinnen und im „Wind der Veränderung" bestehen zu können, muss ich Loslassen lernen. Aber auch der andere Pol, das Festhalten, ist wichtig.

In letzter Zeit begegnen mir häufig Menschen, die das Loslassen neu entdeckt haben und jetzt nur noch loslassen. Sie beenden plötzlich eine langjährige Partnerschaft, geben ihre Wohnung auf, kündigen ihre Anstellung, schwören ihrem Glauben ab und brechen den Kontakt zu ihren Eltern und überhaupt zur Vergangenheit ab. Und dann stehen viele von ihnen vor dem Nichts. Sie wissen zwar, was sie nicht wollen, aber nicht, was sie wollen. Sie wissen, was sie nicht glauben, aber nicht, was sie glauben. Sie wissen, was sie ablehnen, aber nicht, wofür sie sich einsetzen. Sie wissen, welchen Weg sie nicht gehen, aber nicht, welchen Weg sie gehen.

Sicher wird es im Leben eines jeden Menschen Phasen geben, in denen das Loslassen überwiegen muss. Sicher ist manchmal ein klarer Schnitt notwendig. Aber ohne Festhalten geht es auf Dauer auch nicht.

Jeder Mensch braucht Heimat und Sicherheit. Jeder Mensch braucht gute Freunde. Jeder Mensch braucht eine Aufgabe. Jeder Mensch braucht Sinn für sein Leben.

So ist es zwar wichtig, im richtigen Augenblick klar und deutlich Nein zu sagen. Aber darüber darf ich nicht vergessen, dass es ohne Ja auch nicht geht, Ja zu Menschen, Ja zu einer Aufgabe oder Verpflichtung, Ja zu einem gesunden Glauben.

Veränderung ist nicht alles

Kein Mensch kann wirklich und intensiv leben, ohne sich aktiv zu verändern und ohne sich den vielfältigen Veränderungen, die um ihn herum geschehen, zu stellen. Und kein Wachstum ist möglich ohne Veränderung.

Doch Veränderung ist nicht alles. Der Mensch braucht Festhalten und Loslassen, Ja und Nein, Alt und Neu. Veränderung um der Veränderung willen ist kontraproduktiv.

So will ich regelmäßig eine Auszeit nehmen, um die Bilanz meines Lebens zu ziehen und zu fragen, was ich verändern und was ich bewahren möchte. Denn auch das kann Veränderung bedeuten: Ich werde in Zukunft mehr Zeit als bisher mit meinen Freunden verbringen, die mein Leben nun schon seit vielen Jahren bereichern. Ich werde ernst machen mit dem, was ich mir schon so lange vorgenommen, aber immer wieder verschoben habe. Ich werde meine vielfältigen Erfahrungen nutzen, um etwas Sinnvolles zu tun.

Alles um mich herum verändert sich. Dem kann ich mich nicht entziehen. Doch das bedeutet nicht, dass ich jetzt allem und jedem folge und überall dabei bin. Ich werde herausfinden, wo ich mein Tempo steigern sollte, und wo ich Oasen der Ruhe und Langsamkeit schaffe. Ich werde entdecken, wo ich den aktuellen Trends folge und wo ich meinen eigenen Weg gehe. Ich werde entscheiden, was ich beibehalte und was ich ändere. Ich werde mich verändern und ich selbst bleiben.

Es wird spannend. Ich weiß nicht, was mich alles erwarten wird. Doch das ist gut. Es wird nicht leicht, sondern oft sehr anstrengend. Aber ich werde resilienter, beweglicher und stärker und ganz gewiss viel lebendiger.

Anregungen zum Nachdenken und zum Gespräch:

1. In welchen Lebensbereichen geht Ihnen Sicherheit über alles?
2. Welches Wagnis möchten Sie gern in nächster Zeit eingehen?
3. Sie können schlecht loslassen? Woran denken Sie da besonders?
4. Welche Entscheidung in Ihrem Leben ist überfällig?
5. Wozu möchten Sie unbedingt Ja sagen?

Teil 4
Ausblick: In Zeiten der Veränderung

1
Sicher ist nur die Veränderung

Was bringt die Zukunft? Ich weiß nur eins genau: Veränderung! Die Veränderung kommt, egal, ob ich das will oder nicht. Die Globalisierung wird fortschreiten, ob ich mich dagegenstemme oder nicht. Das Tempo wird zunehmen. Die Menschen werden insgesamt älter werden. Und auch ich werde von Tag zu Tag älter.

Die Frage wird sein, wie ich damit umgehe. Werde ich meinen Platz in der sich verändernden Welt finden oder werde ich abseits stehen und den Anschluss verlieren? Werde ich selbst entscheiden, welche Veränderungen ich mittragen werde und wo ich meinen eigenen Weg gehe? Werde ich mich ängstlich gegen alles Neue zu wehren versuchen oder werde ich mich mutig den Herausforderungen stellen? Und vor allem: Werde ich selbst bereit sein, an mir zu arbeiten, mich zu verändern und den Weg des spirituellen Wachstums zu gehen?

Resiliente Menschen glauben daran, dass die Zukunft nicht nur negativ ist, sondern viele gute Lebensmöglichkeiten bietet. Resiliente Menschen besitzen einen gesunden Optimismus, ohne jedoch alles durch die rosarote Brille zu sehen. Sie lernen aus ihren Fehlern und lassen sich auch durch kurzfristige Rückschläge nicht von ihrem Weg abbringen.

Und die Christen? Sie glauben in ihrer großen Mehrheit fest daran, dass diese Welt gut geschaffen ist und dass dort immer wieder der gute Geist Gottes weht. Doch mit welcher Einstellung gehen sie in die Zukunft? Werden sie über Veränderung und Wandel klagen und nur abwarten, was geschehen wird? Oder werden sie sich der großen Aufgabe unserer Zeit stellen und die Zukunft mitgestalten? Resilienz und Glaube wären eine ideale Verbindung, damit das gelingen könnte. Darum wünsche ich mir viele resiliente Christen.

Die Christen

Dieses Buch handelt von Veränderung und Wachstum. Dabei habe ich immer wieder Worte Jesu und Worte des Glaubens zitiert, die Sie und mich auf dem Weg der Veränderung begleiten können. Mancher wird jetzt fragen: Ist Glaube denn nur etwas für starke, aktive Menschen, die bereit sind, an sich zu arbeiten? Wo bleiben dann die Kranken und Schwachen? Hat Jesus nicht vor allem die eingeladen? Und weiter: Müssen wir uns unsere Erlösung selber verdienen, indem wir uns verändern und spirituell wachsen, oder dürfen wir sie uns schenken lassen?

Nun, Glaube ist ein Geschenk, das ich mir nicht verdienen muss. Das wird im Neuen Testament deutlich gemacht. Aber das ist nur die eine Seite. Denn Glaube bedeutet auch, dass ich etwas aus diesem Geschenk mache. Das ist die andere Seite. Christ sein ist somit passiv und aktiv, ohnmächtig und stark. Christ sein heißt Beten und Arbeiten, Empfangen und Geben. Bete so, als könntest du selbst gar nichts tun, und arbeite, als würde kein Gott dir dabei helfen. Da bin ich wieder bei den unterschiedlichen Polen, die beide wichtig sind.

Jesus nimmt dem allzu Selbstsicheren seine Selbstsicherheit und schenkt dem, der sich schon lange nichts mehr zutraut, ein gesundes Selbstvertrauen. Er heilt den, der an einer Krankheit leidet, und macht dem „Gesunden" deutlich, dass seine Seele Heilung braucht.

In dem Gleichnis von der königlichen Hochzeit (Matthäus 22,1–14) erzählt Jesus von einem König, der für seinen Sohn die Hochzeit ausrichtete. Doch alle, die eingeladen wurden, sagten ab. Da ließ der König stattdessen die einfachen Leute von der Straße einladen. Als er seine Gäste feierlich begrüßte, erblickte er einen ohne festliche Kleidung. Den ließ er hinauswerfen.

Es gibt sicherlich verschiedene Möglichkeiten, diesen Text zu interpretieren. Aber wohl jedem stellt sich die Frage, wie ein einfacher Mensch von der Straße, vielleicht ein Bettler, an festliche Kleidung kommen soll. Und wieder stelle ich fest: Jesus spricht die Menschen jeweils in ihrer Lebenssituation an:

Wer mit leerem Herzen zu Jesus kommt, ist willkommen. Aber nicht, damit sein Herz leer bleibt, sondern damit er es sich füllen lässt. Ein Herz, das liebt, ist das festliche Kleid der Christen.
Wer krank ist, wird von Jesus eingeladen. Aber nicht, damit er krank bleibt. Jesus will, dass Menschen heil werden.
Wer mühselig und beladen ist, wird von Jesus eingeladen, sich erquicken zu lassen. Aber nicht, damit er mühselig und beladen bleibt. Er will, dass er die Lasten endlich ablegt.
Wer auf der Straße sitzt und nichts mit seinem Leben anzufangen weiß, wird von Jesus eingeladen. Aber nicht, damit er weiter auf der Straße sitzt, sondern damit er sich von Gott beschenken lässt und sein Leben endlich sinnvoll gestaltet.

Mancher Kranke wird jedoch nicht wieder gesund. Mancher Mensch ist so belastet, dass er noch lange niedergedrückt bleibt. Mancher Schwache wird niemals stark. Für diese Menschen ist bei Gott immer Platz, auch das ist die Botschaft Jesu. Aber das ist kein Freibrief für alle anderen, Christsein als Passivität und Vertröstung auf ein Jenseits aufzufassen.

Mehr als bisher werden sich die Christen fragen lassen müssen: Seid Ihr bereit, euch zu verändern oder verändern zu lassen, oder wollt Ihr eigentlich nur eure Ruhe?

2
Menschen der Sehnsucht

Wenn ich nach der Zukunft der Christen frage, dann folgt für mich fast automatisch die Frage:

Wozu brauchen Menschen in
Zukunft noch die Kirche?
Vielleicht dazu, um abzuladen?
Vielleicht zur persönlichen
Herausforderung?
Vielleicht zur Vergewisserung?
Vielleicht als Ort der Heimat in
einer hektischen Welt?
Vielleicht als Ort, an dem
Gemeinschaft möglich ist?
Vielleicht, um zu hören und zur
Ruhe zu kommen?
Vielleicht, um Mitstreiter zu finden
für eine gerechtere Welt?

Vor einiger Zeit sprach ich nach einem Gottesdienst beim Kirchenkaffee mit einigen älteren Damen. Sie alle beklagten sich bitter und vorwurfsvoll über ihre Einsamkeit und über mangelnde Kontakte. Da fragte ich zurück: „Wie wäre es, wenn Sie sich gegenseitig zum Kaffee einladen würden?“ Da schaute mich eine von ihnen völlig ungläubig und ein wenig beleidigt an und sagte: „Aber nicht zu mir nach Hause!“

Das ist nicht die Kirche der Zukunft. Denn dort sollen Menschen gestärkt und gemeinschaftsfähig werden. Alle, die sich noch oder wieder selbst helfen können, haben die Aufgabe, Gemeinschaft und Kirche mitzubauen. Das heißt: Jeder Mensch ist wichtig. Jeder Christ besitzt eine große Würde als „Mitarbeiter Gottes“.

Die Untertanenkirche, aber auch die Obrigkeits- und Beamtenkirche ist ein auslaufendes Modell. Manche warten jedoch schon so lange auf Veränderung, dass sie die Geduld verloren haben. Andere finden in ihren Gruppen, Gemeinschaften und Gemeinden vor Ort schon heute etwas von dem, was sie sich von der ganzen Kirche erhoffen.

Sicher wird es immer wieder Menschen geben, die in die Kirche flüchten, weil sie woanders nicht zurechtkommen. Auf der Flucht vor dem Leben wäre es für sie eine wirkliche Überraschung, wenn sie feststellen würden: Die Kirche ist ein Ort des Lebens.

Eine lebendige Kirche oder Gemeinschaft ist daran zu erkennen, dass dort geweint und gelacht wird, geträumt und getanzt, erzählt und vergeben.

In meinem Arbeitszimmer hängt am Bücherregal ein signiertes Foto von Schwester Emmanuelle mit dem Spruch: „Ich vermag alles, alles in dem, der mir Kraft gibt." Wenn ich ihr Bild betrachte, denke ich manchmal an die innere Stärke und Beweglichkeit, die Resilienz, die so lebenswichtig ist. Diese Frau, so sieht es aus, schöpft ihre Kraft aus dem Glauben. Und sie scheint tatsächlich hochgradig resilient zu sein!

Im Jahr 2003 sah ich Schwester Emmanuelle in einer Talkshow im französischen Fernsehen. Seltsam deplatziert kam sie mir mit ihren 94 Jahren dort vor, zwischen lauter jungen Sternchen und Prominenten, die alle perfekt gestylt waren, gekünstelt lächelten und nichts außer sich selbst wirklich ernst zu nehmen schienen. Schwester Emmanuelle erzählte ganz schlicht von ihrem Leben bei den Müllmenschen (die im Abfall und vom Abfall leben) in Kairo. Sie strahlte eine große Freude und Liebe aus, verbunden mit der Weisheit einer großen, alten Frau. Als sie nach einiger Zeit die Runde verließ, standen alle am Tisch auf und applaudierten ergriffen.

Eine lebendige Kirche der Liebe, keine andere Kirche hat eine Existenzberechtigung. Viele Menschen sind bereit, sich dafür einzusetzen. Eine Kirche, die Menschen annimmt und zusammenführt, eine Kirche für Schwester Emmanuelle, für die Müllmenschen und die Sternchen, für Sie und mich und für alle, die Sehnsucht nach der Liebe Gottes haben.

3
Auf dem Weg der Veränderung

Sie haben dieses Buch gelesen, vielleicht sogar intensiv durchgearbeitet. Möglicherweise haben Sie es allein getan, vielleicht auch gemeinsam in einer Gruppe. Und vielleicht haben Sie sich vom „Wind der Veränderung“ anstecken lassen. Darüber würde ich mich besonders freuen.

Ihnen ist klar geworden, dass der Weg der Veränderung niemals der bequeme Weg ist. Der mag zwar äußerst beliebt sein, endet aber irgendwann in einer Sackgasse. Die derzeitige Diskussion in unserem Lande zeigt, dass die Notwendigkeit für Reformen von vielen grundsätzlich gesehen wird, solange sie nicht selbst davon betroffen sind. So kann ein ganzes Land in die Sackgasse geraten.

Katastrophe

„In Deutschland ändert sich nichts, bevor nicht eine Katastrophe droht – ändert sich aber etwas, wird ebendieses als Katastrophe wahrgenommen.“
Aus: Robert Leicht, „Geliebter Katzenjammer“, in: Die Zeit Nr. 9/2004, S. 1

Sie brauchen auf Ihrem Weg viel Mut und – na, Sie wissen schon – Resilienz. Ich wünsche Ihnen, dass Sie zwischen dem sicheren Hafen und dem offenen Meer, zwischen Nähe und Abstand, zwischen Nächstenliebe und Selbstliebe nicht verzweifeln und aufgeben, sondern die Spannung zwischen den unterschiedlichen Polen als Reichtum eines aufregenden, erfüllten Lebens entdecken.

In diesem Sinne verstehen Sie bitte auch den folgenden Text, den ich Ihnen als Wunsch mit auf den Weg der Veränderung geben möchte:

Was ich dir wünsche

Ich wünsche dir keinen bequemen
und leichten Weg,
der alle Hindernisse umgeht
und dir jede Anstrengung erspart.
Aber ich wünsche dir,
dass du den Weg findest,
der für dich persönlich
der richtige ist
und dich wachsen lässt.
Ich wünsche dir auf deinem Weg
keine Menschen als Begleiter,
die immer nur lächeln,
die stets einen Scherz
auf den Lippen haben
und nie einen Fehler machen.
Ich wünsche dir vielmehr
Menschen, die dir gegenüber
ehrlich sind
und denen du ohne Vorbehalte
vertrauen kannst.
Ich wünsche dir auf deinem Weg
nicht jeden Tag Sonnenschein.
Aber ich wünsche dir,
dass du dich
über den ersten Sonnenstrahl
nach einer langen Regenzeit
von ganzem Herzen
freuen kannst.

Robert Bly, *Die kindliche Gesellschaft,* Kindler Verlag, München 1997.

Uwe Böschemeyer, *Worauf es ankommt,* Piper Verlag, München 2003.

Frederic F. Flach, *Die Kraft, die aus der Krise kommt,* Verlag Herder, Freiburg im Breisgau 2003.

Rainer Haak, *So schmeckt das Leben. Meine besten Glücksrezepte,* Verlag Herder, Freiburg im Breisgau 2004.

Werner Tiki Küstenmacher, *Simplify your life,* Campus Verlag, Frankfurt/Main 2002.

Meinhard Miegel, *Die deformierte Gesellschaft,* Propyläen Verlag, München 2002.

M. Scott Peck, *Der wunderbare Weg,* Bertelsmann Verlag, Gütersloh 1987.

Tony Schwartz – Jim Loehr, *Die Disziplin des Erfolgs,* Econ Verlag, München 2003.

John Selby, *Was mich stark macht,* Deutscher Taschenbuch Verlag, München 2003.

Hanna Wolff, *Jesus als Psychotherapeut,* Radius-Verlag, Stuttgart 1990.

Aus Rainer Haak, *So schmeckt das Leben. Meine besten Glücksrezepte,* Verlag Herder Freiburg im Breisgau, sind entnommen:
– der Text „Der Rhythmus des Lebens“ auf S. 88
– der Text „Was ich dir wünsche“ auf S. 123.

Wenn Sie Rainer Haak auf einem Vortrag oder in einem Seminar begegnen möchten, finden Sie Termine für Veranstaltungen im Internet:

www. rainerhaak.de (Internetseite des Autors)
oder *www.herder.de* (Internetseite des Verlags Herder),

oder Sie erhalten telefonisch Auskunft unter 07 61 / 27 17 261 (Presseabteilung des Verlags Herder, Freiburg im Breisgau).

Wenn Sie selbst eine Veranstaltung mit Rainer Haak durchführen wollen, können Sie über beide Internetseiten Kontakt mit dem Autor aufnehmen.

www.herder.de

Umschlagmotiv: © zefa visual media, Düsseldorf
Abbildungen im Innenteil: © PhotoCase.de
Innengestaltung: Weiß – Grafik und Buchgestaltung, Freiburg
Druck und Bindung:
fgb · freiburger graphische betriebe
www.fgb.de

Gedruckt auf umweltfreundlichem,
chlor- und säurefrei gebleichtem Papier
Printed in Germany

ISBN 3-451-28668-8

Rainer Haak